腐败治理新论

于洪珠 著

—— 启动市场机制以遏制腐败
—— 开展财产普查以打击腐败
—— 完善政治制度强化民主监督以消除腐败

中国出版集团
世界图书出版公司
广州·上海·西安·北京

图书在版编目（CIP）数据

腐败治理新论 / 于洪珠著． — 广州：世界图书出版广东有限公司，2012.5
　ISBN 978-7-5100-4568-4

Ⅰ．①腐… Ⅱ．①于… Ⅲ．①反腐倡廉 — 研究 — 世界 Ⅳ．① D035.4

中国版本图书馆CIP数据核字（2012）第 070081 号

腐败治理新论

策划编辑	张馨芳
责任编辑	孔令钢
文字编辑	冯彦庄
出版发行	世界图书出版广东有限公司
地　　址	广州市新港西路大江冲 25 号
http://www.gdst.com.cn	
印　　刷	虎彩印艺股份有限公司
规　　格	880mm×1230mm 1/32
印　　张	3.375
字　　数	70 千字
版　　次	2012 年 5 月第 1 版　2013 年 12 月第 3 次印刷
ISBN	978-7-5100-4568-4/D·0036
定　　价	20.00 元

版权所有，翻印必究

目 录

上篇　反腐败论

一、腐败概论 ·002
（一）腐败的思想基础 ·002
（二）腐败的主要表现及社会危害 ·003
（三）当代社会滋生腐败的原因 ·006
（四）反腐败的理想目标和成熟条件 ·010

二、反腐败的几个理论点 ·011
（一）腐败现象是与权力滥用共生的产物 ·011
（二）公共权力的制衡与反腐败 ·015
（三）民主权利的张扬与反腐败 ·018
（四）治理腐败与惩治比例的关系 ·019
（五）刑罚与腐败分子外逃的问题 ·023

三、反腐败的借鉴与创新 ·025
（一）中国历史上的反腐败措施 ·025
（二）国外的反腐败制度建设 ·027
（三）反腐败的实践创新 ·029

四、再论腐败与反腐败 ·044
（一）关于腐败 ·044
（二）关于反腐败 ·052

中篇　另一种腐败——两极分化

一、两极分化概述 ·· 062
（一）两极分化的概念和判断标准 ································· 062
（二）市场经济条件下财富两极分化是必然现象 ········· 063
（三）阶级斗争学说来自于对两极分化的思考 ············· 064

二、从经济学角度看两极分化 ··· 062
（一）初次分配 ·· 062
（二）再分配 ·· 065
（三）按劳分配 ·· 065
（四）按生产要素分配 ·· 066
（五）效率与公平 ·· 066

三、我国的两极分化问题 ·· 067
（一）我国存在两极分化吗 ·· 067
（二）我国两极分化的成因 ·· 068
（三）我国不能两极分化的因素 ···································· 072

四、消除两极分化的路径探索 ··· 075
（一）禁止土地流转 ·· 075
（二）铲除腐败和黄赌毒黑 ·· 076
（三）建设全体国民的财产登记系统 ···························· 076
（四）强化税收的杠杆作用 ·· 077
（五）创造公平的社会环境 ·· 077
（六）从改制企业中收取部分利润补偿为社会
　　　发展做出贡献的人员 ·· 078

下篇　别论教育腐败

一、教育的本质 ·· 080
（一）什么是教育 ·· 080

- （二）德育 ··· 081
- （三）智育 ··· 082
- （四）体育 ··· 083
- （五）授人以渔与教育本质的关系 ····································· 083

二、教育的基础 ··· 085
- （一）教育要从优生起步 ··· 085
- （二）家庭教育 ·· 085
- （三）劳动教育 ·· 086
- （四）教育的环境 ··· 087

三、教育存在的问题 ·· 088
- （一）有教无育的问题 ·· 088
- （二）学习负担的问题 ·· 090
- （三）教育费用的问题 ·· 091
- （四）爱国主义教育的问题 ·· 092
- （五）国民终身教育的问题 ·· 093

四、教育要努力的方向 ··· 093
- （一）狠抓义务教育 ·· 093
- （二）重视高中教育 ·· 094
- （三）加强高等教育 ·· 094
- （四）坚持应试教育 ·· 095
- （五）建立完整的道德记录体系 ·· 095
- （六）教育的目的是让人有思想 ·· 096

附：读者朋友对《腐败治理新论》的部分评论 ························ 098

上篇　反腐败论

　　堕落滋生腐败，腐败必然腐朽，腐朽产生罪恶。什么是腐败？腐败是政治问题还是经济问题？我们的社会生活中为什么会滋生腐败现象？腐败到底有什么样的思想基础？它的历史成因是什么？我们应当怎样看待当前社会生活中的腐败现象和反腐败形势？如何进一步推进反腐败理论的创新，研究和回答反腐败工作中的理论和实际问题？如何进一步采取有效措施开展反腐败工作，全面推动反腐败工作的科学化和民主化？凡此种种，都已经成为社会各界普遍关注的热点问题，对于这些问题，人们众说纷纭，仁者见仁，智者见智。如果我们社会生活中的腐败现象不能得到有效治理，必将积重难返，不仅会影响到我们的改革开放和经济建设，而且会逐步加深和积累整个社会矛盾，威胁到社会生活的和谐与稳定。久而久之，必将逐步蚕食并摧毁人们心中的道德和法律长城，道德和法律长城一旦垮塌，就会在某一特定时期，在特定思潮的引导下突然释放，从而贻害整个社会。为此，笔者试图对腐败和反腐败的相关问题作一些理论探讨和实践分析，以期为党和政府的反腐败工作尽一份绵薄之力。

一、腐败概论

（一）腐败的思想基础

什么是腐败？《汉书》如是记载："太仓之粟，陈陈相因，充露积于外，腐败不可食。"这是最早出现的有关腐败的说明，主要是指粮食霉变不能食用。现代词条对腐败是这样定义的："腐败在广义上说是行为主体为其特殊利益而滥用职权或偏离公共职责的权利变异现象。狭义上说泛指国家公职人员为其特殊利益而滥用权力的权利蜕变现象。"通俗点说，腐败就是利用职权牟取私利，泛指政府官员的堕落行为。腐败并不新鲜，古已有之，只是不同时代其特点和表现程度不同而已。中国历史上腐败的鼻祖，当属夏启，他废除了禅让制度，把权位传给了他的儿子，开创了中国历史上腐败的先河，中国社会的腐败问题从此开始出现了。

腐败滋生的思想基础有二。

从人类生存的角度来讲，物质是人类生活的基础。在正常的社会生活中，人们获取物质的前题是交换。当一个人能用手中权力交换到物质又不被束缚的时候，就会无限地放大这种权力。这样，腐败也就产生了。除非他受到道德的、法律的或宗教的力量约束，才可能放弃这种牟利行为。从某种程度上来讲，这是封建剥削思想残余的具体表现。因此，某些当权者在缺乏道德修养而法律又对其腐败行为不能及时有效制裁的情况下，他就会把手中的权力当成无形的商品进行物质交换，以获取更大的私利，这就是所谓的权力寻租行为，也就是腐败现象滋生的思想基础之一。

从历史的角度来看，笔者认为，凡是对中国传统文化破坏严重的时代也就是腐败现象最严重的时期。比如，由于元朝统治阶级对中国传统文化的破坏和漠视，才使得明朝初年的官员道德水准低下，官场腐败横行，以至于用"剥皮实草"的酷刑才把官场的腐败之风镇压下去。据史料记载，朱元璋对贪官污吏深恶痛绝，制定了中国历史上甚或是世界历史上最苛酷的惩贪措施。明律规定，官吏贪至六十两银子者，便要被枭首示众，施行"剥皮实草"之刑。洪武年间，官员受贿"四本书，一个头巾，一双袜子"，都要被砍头。我们只要略加考察就可以看出，很多腐败分子都是在传统文化教育缺失的背景下成长起来的，此为滋生腐败的思想基础之二。

（二）腐败的主要表现及社会危害

目前，腐败问题主要表现在以下几个方面：①制度腐败；②贪污贿赂；③失职渎职；④生活作风腐化；⑤商业贿赂；⑥贪官外逃；等等。此外，还有公款吃喝、公车私用和公费旅游等等，不一而足。现实生活中，一些腐败分子"不给钱不办事，给钱无事不办"，而且"办什么事给多少钱"也早已是明码标价。当权者卖官，执法者枉法卖法，经济上大肆中饱私囊，生活作风奢淫糜烂。更有甚者，给社会上的黑恶势力充当保护伞，与他们沆瀣一气。有的与不法商人狼狈为奸，充当他们的打手，暴敛钱财，与民争利，以致民怨沸腾，上访、群访频发，有的甚至引发暴力冲突酿成血案，造成了极大的社会危害。就我们当前的社会问题而言，面临着三个必须解决的问题：一是腐败问题，二是两极分化的问题，三是教育问题。相对于教育问题和两极分化问题而言，腐败只是个小问题，但影响很大，因为教育问题和两极分化问题是隐性问题，而腐败则是显性问题。所以，我们必须把社会生活中的腐败问题解决好。

　　社会主义的本质，是解放生产力，发展生产力，消灭剥削，消除两极分化，最终达到共同富裕。而腐败是对人民最大的剥削，因为这些腐败的负担最终必然会落到人民大众身上。腐败分子依靠腐败收入，则必然拉开社会财富分配的距离，也就必然导致社会财富的两极分化。所以说，铲除腐败是解决社会财富两极分化的前题，这要比发展经济更困难、更艰巨。目前，腐败现象有主动腐败、被动腐败、被迫腐败以及跟风腐败之分。从政治上的卖官鬻爵，到经济上的贪污受贿行贿，社会道德风尚江河日下，真可谓花样翻新，手段层出不穷。分析和观察已经查处的案例，可以看出，只要有权力的地方就有腐败现象的存在。从官场到商场的各行各业，腐败几乎无处不在。如果我们不能有效地铲除这些腐败，就会因为腐败和两极分化的矛盾激化，威胁到社会的和谐和稳定发展。所以，我们必须对腐败的危害有全面、清醒、深刻的认识。

　　那么，腐败到底是什么问题？是完全的经济问题吗？答案是否定的。对现存腐败问题的认识，我们一定要有政治上的敏锐性和前瞻性。从表面看来，腐败仅仅是经济问题，但实际上也是政治问题。一个因腐败而垮台的政权，它的垮台不是在政权完结之日，而是在腐败滋生之时。正是由于腐败对国家的危害巨大，党和国家领导人多次把反腐败问题提高到亡党亡国的高度。我们的工作中可以有这样那样的失误，人民都可以谅解我们，但绝对不能有腐败行为，这绝不是钱的问题，而是性质问题。当权者的腐败行为，可能会给政府的工作造成"一丑遮百俊"的效应，可能会抹杀其所有的工作业绩，以致人们"攻其一点，不计其余"。我们用了三十年时间走过西方百年的经济发展道路，现在已经没有人会怀疑我们的经济发展能力。中国的经济富强只是时间早晚的问题,如果说有棘手的问题存在,那也就是腐败和两极分化的问题。正所谓"礼义廉耻,国之四维;四维不张,国乃灭亡",治国就是治官,治官就是治腐败,如果有的官员寡廉鲜耻、贪得无厌,而国家还无法治理他们,那国家就会有动乱之虞。又所谓"官清民自安",当政者不去腐败、干坏事,没有人敢干坏事。三十年前国家那么穷,为什么不乱,就是因为整个社会鲜有腐败。可现如今,如果我们不能限期有效地治理腐败,新的官僚转化资本和靠资本转化的官僚就会使财富全面合法化,就会进一步加速推进社会财富两极分化的进程,最终为中国的稳定和长治久安埋下祸根。目前,腐败已经成为最大的社会污染,渗透到了政治、经济和日常生活中的各个角落。有关专家统计表明,由腐败所造成的经济损失平均每年在1万亿元人民币左右。笔者认为,其实经济损失也许并不是最主要的,最主要的危害在于全民族的道德观念沦丧上,如果一个民族的道德水平是在"笑廉不笑贪,笑贫不笑娼"的水准上,那提高起来恐怕真是要假以岁月了。

毫不讳言地说,道德观念上的腐败才是最大的腐败。无论是官场还是商场,总有一部分人在搞腐败。除了一部分清廉正义人士外,很少有人会放弃能从腐败中捞取好处的机会,也很少有人会为了社会正义而放弃自身利益最大化的追求,尤其是当这些人具有追求利益最大化的权力或条件的时候,这种道德观念的崩溃就滋生了腐败。如果每个人都能自觉抵制腐败,腐败也不会蔓延到如此地步。

从目前来看,腐败现象大致可以分为三类:一是经济腐败,主要表现为腐败分子在从事社会管理和经济管理中运用手中的公共权力牟取私利;二是行政腐败,即独断专行、拍脑袋瓜子的错误决策,如面子工程、政绩工程、浪费民脂民膏的行政腐败行为等；三是道德腐败，即生活上的腐化和堕落，如生活作风上的糜烂和骄奢淫逸。在具体的腐败过程中，这三种腐败现象往往是交织在一起表现出来的。

（三）当代社会滋生腐败的原因

对于当代社会的腐败成因问题，社会上的各种分析研究很多，各人的见解不尽相同，既有共性的分析，也有不同的探讨，但总的来看，与以下四点不无关系。

1.我国的政治制度不够完善

马克思曾如是说："权利绝不能超出社会的经济结构以及由经济结构所制约的社会的文化发展。"中国最大的实际就是，现在处于并将长期处于社会主义初级阶段，是一个人口众多、幅员辽阔、发展很不平衡的发展中国家，生产力不发达的状况没有根本改变，社会主义市场经济体质还不够成熟；社会主义政治体制还不完善，民主法治还不够健全，教育文化还比较落后，文盲半文盲人口较多，民主主体的文化道德素质、法治权利观念和参政议政能力等都亟待提高。

就我们国家的情况来看，我们的基本政治制度是好的，是没有问题的，也完全可以通过推动政治制度的成熟和完善来治理社会生活中的腐败现象。但也正是由于我们的政治制度不够成熟和完善，这就从根本上导致了腐败现象的滋生。在现有的情况下，如果不把成熟和完善的政治制度作为治理腐败问题的切入点，即使我们什么工作都不做，人人都去反腐败，也不可能消除我们社会生活中的腐败现象。所以，我们必须把完善政治制度作为迈出治理腐败问题的第一步。

2.政治信仰的失落与传统教育的断层

随着我们对内的各项改革和对外的经济开放，以及在经济发展中的利益诱惑和制度漏洞，还有东欧巨变和前苏联解体，一些领导干部迷失了政治方向，丧失了起码的道德基础，拜金主义思想泛滥成灾，忘记了一个政务人员所必须遵循的起码准则和道德底线，封建社会的残余腐败思想严重，从而导致他们迷失了基本的政治信仰，使自己滑向腐败的泥潭和深渊。这是我们政治社会生活腐败现象泛滥的一个方面。

此外，中国历史上传统社会的教育理念强调的是"德才兼备、以德为先"。德，是品德，也就是人品。人首先必须是一个有道德的人，人无德不立。才是才干，才干是术，术是科学、是技术。术，会教你做事，教你解决问题。我们可以利用学习到的科学知识去做事，但不能解决人的品德问题。中国历史上，孔、孟、旬、墨、老、庄，诸子百家学说中做人的道理理念异彩纷呈，我们传统的国学教育完全能够完成对人的品德培养，把人教育培养成具有良好道德情操的人。可惜的是，我们的现代教育中过于强调科学知识的传授，忽略了国学对人的品德成长的熏陶。这种传统教育的缺失，导致了受教育者科学知识丰富而德行欠缺，一旦这样的人手中拥有了权力，极易用手中的权力去搞腐败，这不能不说是我们教育的悲哀。这种摒弃中国传统文化对人民道德培养教育的行为，成了滋生腐败现象的另一个原因。

3.惩治比例过低与管理失当

分析现有的腐败惩治情况，可以看出，我们当前社会生活中腐败泛滥成灾的原因与对腐败分子惩治比例过低有关。据多年从事反腐败工作研究的的权威人士总结分析，我们现实生活中的腐败分子，每百人中只有一小部分人由于腐败行为而被查处，而又由于种种原因，最终能被处理的腐败分子只是这小部分人中的一小部分，绝大多数是被"大事化小，小事化无"了，腐败分子被惩治的概率相当低。马克思说过：一个商人，如果能获得300%的利润，就有可能冒着上断头台的风险。由于人类本质上的驱利性、利益的诱惑性以及腐败的腐蚀性和传导性,加之反腐败工作的不得力、法律风险低等多种因素,通过腐败行为牟利几乎就等于是无本万利的买卖,在这种情况下,就会使这些腐败分子肆无忌惮地大搞特搞腐败,进而全面导致我们政治生活和社会生活中的腐败现象愈演愈烈。

我们再从管理上作进一步的分析,从依法治国的角度来说,就依法治国本身并没有什么不妥。"不用法者,国有常刑",没有法制国家就会失去正常的生活秩序,但仅仅靠法制就能遏制腐败吗?未必如此,我们现有的腐败行为都可以在法律法规中找到处罚的依据。而腐败行为依然没能从根本上得到有效的治理,究其深层次原因,与法制和管理力量投入失当有很大的关系。如果从一开始就把管理抓好,使他们都能廉洁从政,也就不会存在这种腐败多发的势头了,那样比等到他们腐败后再制裁他们要好得多。如果想要依靠法制替代管理的办法来治理腐败,是不可能达到目的的。一个具有严格管理制约的政府工作人员,不管法制如何,他都不会去腐败;而一个没有管理制约的人,一旦有机会他就有腐败的可能。我们处理了那么多腐败分子,这不是成绩,他们都是我们国家的精英,他们都应当在为我们的国家创造财富,却因为管理的缺失,导致他们走上腐败的道路,最终导致害国害民害己害家。这不能不说与我们过于迷信法制有关。这也应当是导致腐败现象屡禁不止的又一个原因。

这里需要指出的是,中国的法制和西方的法制有着本质的区别。在西方国家,宗教对法制起着管理的补充作用。虽然我们日常生活中仍在遵守着某些儒家的准则,但总的来说儒教对我们社会生活的管理作用已经被破坏掉了,这主要归咎于我们对传统道德观念教育的忽视。中国人相信的宗教,如佛教、道教和外来宗教，对人们所起的是安慰作用，而不是约束作用。西方社会所走的是法制下的人治道路，中国走的是人治下的法制道路。单从法律层面上来探讨，法律对农耕民族和游牧民族的约束力有本质的不同。比如，在中国的古代，一个人的高低贵贱是由抬轿人数来区分的。游牧民族是以马匹的优劣来区分的。两者差异巨大，中国人是三分以法、七分以德，游牧民族则是七分以法、三分以德。从根本上来说，中国人大都缺少法律观念，接受和服从管理要比接受法制容易得多，当对他们的管理力度不够到位时，他们用手中的权力去搞腐败也就顺理成章了，腐败也就不可避免了。这也是腐败的一个原因所在。

4.存在理论认识上的误区

从近些年反腐败工作的整体情况来看，我们存在着一个严重的反腐理论认识误区。腐败分子的腐败行为到底是什么行为？从根本上来讲，腐败行为实际上就是一种市场行为，这种市场行为在通过法律手段解决问题以外，要辅之以市场机制予以解决。我们也可以这样认为：通过市场来解决反腐败问题，也有可能是治理腐败问题比较可行的方法之一。在过去的反腐败工作中，我们一般是采用权力化、政府化的反腐败做法，并没有引入反腐败的市场机制，这是我们反腐败效果不尽人意的一个主要原因。而不符合市场经济规律的一些法则，是相当多的腐败分子不被打击的又一个原因。所以，反腐工作只有动用和启动市场机制的办法，才可能达到全面打击腐败分子的腐败行为的目的，进而起到有效地遏制腐败现象的目的。由于腐败分子手中的权力本身具有强制性、排他性、扩张性、诱惑性和腐蚀性，他们在现有的社会环境下搞腐败是非常容易的。如果我们能够通过市场之手让这些人不敢腐败、不能腐败，进一步提高对腐败分子的惩治比例，这样就提高了腐败分子为他们的腐败行为所承担的腐败风险,随着腐败风险的加大,腐败现象也就自然减少了。这种反腐败理论认识上的不足所带来的难以有效指导反腐败工作的实践,成了滋生腐败的原因之一。

(四)反腐败的理想目标和成熟条件

那么,如何才能有效治理腐败呢?笔者认为,要经过三个阶段才能解决问题。第一阶段,建立相应的市场激励机制,给予反腐败工作者一定的政策扶持乃至财政补贴,促使反腐工作得以有效开展,3—5年内实现"不敢腐败";第二阶段,加强制度建设,实行政务公开、企务公开、信息公开,让权力在阳光下运行,5—7年实现"不能腐败";第三阶段,从完善政治制度着手强化民主监督,从根本上铲除滋生腐败的土壤,逐步实现"不想腐败"的目标。要想逐步落实上述三个阶段,就必须建立真正的反腐败战略规划,如果仅仅运用战术上的反腐败是不可能解决问题的。也就是说,反腐败必须从被动中走出来,变被动反腐败为主动反腐败,并逐步实现铲除腐败的目的。

之所以作出通过以上三个阶段全面铲除腐败的论断,是因为我们具备了有效治理腐败的三个成熟的有利条件。

①政治条件。这里所说的政治条件,是指在中国延续了几千年的封建君主专制制度已经终结,中华人民共和国的政权是中国共产党领导下的人民当家作主的具有世界上最广泛性的民主政权,消除了"家天下"中无论贤愚(除非被推翻)任职终生的弊端,现有的政治体制为最终解决几千年来的社会腐败问题担供了可靠的政治平台,这是一个巨大的历史性进步,为解决一直以来无法根治的腐败问题奠定了坚实的政治基础。

②经济条件。这里的经济条件,是指我们已有足够的经济

基础去开展各项反腐败工作。

③群众条件。从世界发展的大趋势来看,廉政是每个政府最起码的底线,廉洁奉公是对公务人员的基本要求,而廉洁自律要成为每个公民最低的道德观念准则。从某种程度上来说,并不是有了权力才会去腐败,一个没有权力的人也可能会涉入腐败。经过三十几年的对内改革和对外开放,人民的受教育水平得到了极大提高,我们对世界上其他国家政府的廉政建设有了全面的了解和研究。这些了解和研究,从根本上促进了全体中国人民的民主思想进步,同时也对政府的廉政建设提出了更高的要求。当然,我们是与廉政建设搞得好的国家政府相比较,而不是与腐败充斥的国家相比。在反腐败的总体目标上,我们的党和政府与最广大人民群众始终是高度一致的。也正是由于对世界上其他国家政府廉政情况的了解以及民主思想的觉醒与进步,人民必然要求通过民主监督的方式来监督政府的廉洁,这种民主监督将成为从根本上治理腐败问题的最重要的群众条件。

有了以上三个基本条件,我们就有可能在预期的时间内全面治理社会生活中的各种腐败问题。

二、反腐败的几个理论点

(一)腐败现象是与权力滥用共生的产物

自从1931年中华苏维埃全国临时中央政府成立之日起,中国共产党人就与党内存在的腐败分子进行了殊死斗争。如果从那时算起,已有80年的反腐败历史了。然而,我国是个具有很长封建社会历史的国家,腐败现象是与权力共生的产物。就当前来说,腐败已从最初的经济腐败到政治腐败进而发展到了生活腐败，政府也由于腐败分子的存在和反腐败工作的不如人意而广受诟病。

近30年来，在党和政府的坚强领导下，查处了大大小小百十余万腐败分子，平均每年因腐败受到处理的在4万名以上，不能说党和政府的反腐败决心不大、力度不强。但腐败现象在我们的社会生活中广泛存在也是不容否认的事实。解决腐败问题，将是对政府执政能力的根本检验。一个腐败分子的存在，就如同在一桶清水里滴进了一滴污水，使整涌清水全部变成了污水。如果一个政府里有吏污官贪行为存在，就会影响政府的公信力，同时，那些廉洁奉公、一心为党为公为国为民、脚踏实地、勤恳工作的人的成绩，也会因为腐败分子腐败行为的存在而大打折扣甚至是被抹杀。

近来有言论说，做过调查，人民群众对反腐败满意了。如果说人民群众对反腐败的工作满意了，这至少不是一种负责任的言论。邓小平一贯强调，要把"人民高兴不高兴"、"人民赞成不赞成"、"人民满意不满意"、"人民答应不答应"作为衡量党的工作的标准。但是，只要我们的社会生活中有腐败现象的存在，人民就不可能是满意的。从最近几年所查处的腐败案件来看：金额越来越大（从十几万到百万，再到千万，发展到过亿，呈几何级增长），职务越来越高（其中，党和国家领导人3人，国家部委正部级干部6人、省、市、自治区正省级干部10人，国家部委、央企副部级干部23人，省、市、自治区副省级干部66人，解放军系统将军级8人），人数越来越多（2010年1月至12月，全国纪检监察机关共处分146 517人，其中，给予党纪处分119 527人，给予政纪处分38 670人）。[1]全国各行业各系统几乎都有腐败分子被查处，但是否这些人就是全部的腐败分子呢？答案不得而知。

腐败问题越来越严重，越来越复杂。因为腐败现象已经遍及社会

---

[1] 资料来源：http://www.qinfeng.gov.cn/html/2011-1-7/083532.html

各领域、行业，人们开始质疑政府的执政能力，由此可见腐败问题已危及我们国家政权的稳定性了。这足以说明，目前的反腐败工作，任务艰巨，形势严峻。这些腐败分子基本上是"你说你的，我腐我的"，由于反腐败的措施不得力，惩治比例偏低，腐败后所承担的法律风险弱小，所以他们就存在着"不腐白不腐，腐了也白腐，白腐谁不腐"的心理。严刑峻法对他们已没有什么实际意义了，要知道腐败太容易了，他们一次的腐败收入，无数个诚实劳动的工人、农民其一生收入都不能比。在这种几乎没有风险的情况下，要求那些有腐败机会的人不去追求权力资本的最大化，是不太可能的。我们读《资本论》，要从它的反面看到资本的残酷性，一部世界史实际就是资本的争夺史，腐败实际就是对资本的掠夺。在这种情况下，我们必须坚持以毛泽东思想、邓小平理论、"三个代表"重要思想和科学发展观为理论武器，总结反腐败的经验教训和成败得失，进一步解放思想，怀着必胜的信念把反腐败的斗争进行下去。从世界发展的一般规律性来研究，世界上没有解决不了的问题，只是没有找到正确的解决方法而已。目前，部分人对反腐败工作有一种悲观论调，认为腐败面太广，不可能治理腐败，或者得要30年以上的时间，等等。这些人过高地估计了腐败分子的力量，那些腐败分子虽然手握重权，力量强大，但他们的强大是建立在公共权力的基础上的，如果离开了公共权力，就他们自身来讲可能什么也不是，那些因腐败而被查处离开公共权力的腐败分子就充分说明了这一点。他们没有什么了不起，也不是不能治理，更不像他们心里膨胀的那样强大。所以，相对于国家意志来说，腐败分子不过是一个个分散的个体户而已，只要我们在党的坚强领导下，全心全意依靠广大人民群众，真心实意而不是虚情假意，真抓真干而不失去信念，我们就可以在短期内收到反腐败的效果。当然，上述有关社会腐败形势的认识和反腐败问题的估计不一定很准确。

接下来，我们就政治制度的失衡和缺陷与滋生腐败的关系做一点简单的阐述。其实，对于腐败治理来说，古今中外都是一个难题，即使是现在比较廉政的国家，也大多经历过腐败和反腐败的问题，他们在政治制度上的失衡和缺陷也经过了多次补充和完善。但是，究竟有多少个政权是因为自身的腐败而倒台，我们也没有准确的统计。那么，为什么腐败问题难以治理？主要是因为对公共权力的运用和行使没有达到应有的制衡，也就是说我们应该通过对公共权力的制衡来消除滋生腐败的土壤。

提到公共权力，就触及到了政治这个敏感的词汇。笔者认为，政治就是在各种力量相互制衡下的一种游戏。既然是游戏，就要有游戏所具有的规则，就如同"石头、剪刀、布"一样，三者缺一不可。无论是三权分立、五权分治，还是多党执政，实际上都只是为了避免腐败而设置的制衡措施而已，其实质就是游戏中的"石头，剪刀，布"。在这个游戏中，"石头"、"剪刀"、"布"三样缺一不可，否则这个游戏就没有办法玩下去了。这个游戏规则形成不了相互之间的制衡，也就是无法建立起平衡关系。我们要做一件事，就必须有相应的完成这个事情的能力和力量。比如，我们要提起五十斤重的东西，就要有足够的力量才能提得起，否则只能是空有愿望而已。盾是矛的制衡，阴是阳的制衡，中国的两弹是对核垄断的制衡，法律也是对犯罪的制衡。要做成功一件事，就必须拥有制衡的力量。没有制衡，一切都无从谈起。

我们国家的政治制度对腐败问题没有制衡吗？不是的，只是在细节上还不够成熟和完善。人民代表大会制度是我国根本政治制度。各级人大代表都是民主选举产生的。选举采取直接选举和间接选举两种方式。不设区的市、市辖区、县、自治县、乡、民族乡、镇的人大代表，由选民直接选举产生。全国人大代表，省、自治县、直辖市、设区的市、自治州的人大代表，通过间接选举方式，由下一级人民代表大会选举产生。但是由于我国幅员辽阔、人口众多，公民素质参差不齐，而且随着社会经济的发展，人员流动频繁、不规律等各方面因素，进而导致很多公民主动或被动放弃了选举权。选民不了解，甚或不知道自己区域的人大代表成了很普遍的现象。这样也就无法形成"人民——人民代表——政府——人民"的制度体系。缺少人民代表的真正直选，就成了缺项的游戏，这是不完整的、也没有办法玩下去的游戏。这样，由国家根本大法——宪法规定的人民监督就失去了监督的基础，这是致命的缺陷。只有克服了这个缺陷，由人民真正地直接选择出可以信任的人民代表，代表人民去实现对政府公共权力的监督，才会从根本上解决政府工作人员利用公共权力滋生腐败的问题，达到政治制度的成熟和完善，这是国家的基础。2011年开始实施的城乡"同票同权"就是一种进步。

这里要补充说明的是，我们不能设想通过政治体制改革来解决社会的腐败问题，这是因为政治体制改革这个提法本身从理论上来讲就是错误的。政治体制是依附于政治制度形成的，政治体制改革必然要涉及到政治制度本身，而政治制度本身是从这个政权建立时就定型了，而我国的基本国情决定了现有的政治制度、政治体制是符合我国发展的。所以说，我们不能寄希望于通过政治体制改革来解决腐败问题。但是，我们国家确实存在行政机制改革的空间，现在所谓的政治体制改革实际上也就是行政机制改革，我们也可以通过行政机制改革来压缩腐败现象滋生的空间。这还是可为的。

（二）公共权力的制衡与反腐败

有关铲除腐败问题之于我们国家意义的认识，要将其置于拯救国家的高度进行考虑，铲除腐败对我们的国家来说有其特殊性。中国历史上政权的建立方式虽然有所不同，但政权的丧失却有其共性，那就是多数政权亡于腐败。如果我们社会中的腐败现象不能得到有效的治理和解决，如此发展下去，就有可能导致党的执政地位丧失，中国没有能代表国家的足以与其他国家政治势力相抗衡的政治力量，势必会导致外国势力插手中国事务，局面将没有办法控制，其后果也无法预料。从这一点上来说，怎样强调反腐败都不过分，反腐败实际上就是在拯救我们的国家。认识不到这一点，就是政治上的不成熟和短视。这就是我们必须铲除腐败的意义所在。

那么，我们要铲除腐败，首先要做的是什么呢？那就是反腐败理论的创新。我们必须重视反腐败理论的创新，用创新的反腐败理论去指导反腐败实践，才可能收到事半功倍的效果。

长久以来，我们的政府一直坚持反腐败工作，虽然取得了一些成绩，但是侧重于惩罚已腐败的人员，对公务人员腐败的防治效果并不显著。这主要是由于现有的反腐败理论对具体的反腐败工作没有起到应有的实践指导作用，出了问题就问题说问题，而不是在问题没有出现前就作出前瞻性的理论预测和研究。这种反腐败理论工作上的不足，导致了我们反腐败工作的盲目性和没有系统性。所以，有必要加强反腐败理论研究上的创新，用创新的反腐败理论去指导反腐败的实践，使反腐败理论具有逻辑的严密性、判断的科学性、论证的准确性以及方法的可操作性，能够在一定的时间内出台具体可行的操作措施来有效治理腐败。当然，反腐败理论的缺乏是有其客观原因的。我国的特殊政治制度决定了世界上还没有现成的反腐败理论适用于我国，所以目前我们也只能"摸着石头过河"。笔者认为，现在应完成从理论到实践的反腐败过程。以理论符合实际的实事求是的真实态度，以现有的客观事实为根据来全面地分析和判断，实现反腐败理论到反腐败实践的转化，这是反腐败的关键。

那么，我们反腐败理论创新的基本思路是什么呢？那就是对权力的制衡。我们一般的思路是，要以完善惩治和预防腐败体系为重点，加强反腐倡廉。这当然没错，可是光依靠这两点要想达到反腐倡廉是远远不够的，我们惩治腐败分子惩治了30年，腐败预防体系也是年年建设、天天加强，可是腐败现象依然在我们的生活中广泛存在而没有绝迹。由此可见，仅仅依靠这两点很难达到反腐败工作的目标。我们的反腐败工作除了注重以上两点外，最终必然要走对权力的制衡之路。什么是制衡？制衡就是力量的平衡。一架天平，要有相应的砝码才能平衡，行走的动物要两条或四条腿，鸟儿要有两个翅膀，如果一棵树无限制地生长，风暴一来，高则易折。世界本身就是一个制衡的世界，制衡是自然法则。没有制衡，世界就无法有秩序地发展。笔者认为，要想权力不滋生出腐败，唯一的出路就是对公共权力实行全面制衡，没有第二条路可走。这里的制衡也就是民主，民主的本质说穿了也就是对公共权力的制衡。只要能够达到对权力制衡，我们就能够达到铲除腐败的目的，这是最终解决腐败问题的必由之路。

当然，权力制衡是最主要的一个方向。同时，我们对反腐败的艰巨性和复杂性也要有清醒的、深刻的认识。对于我们今天的社会，腐败已不仅仅是表现在官场和市场的腐败，而是表现在社会生活的各个领域，虽然表面上不断地改革和进步，但积弊已深。如果不能痛下决心，是无法从根本上解决腐败问题的。其实，如果从另一个更深的层面来说，我们也不是缺乏治理腐败的办法，而是没有执行治理腐败之人；也不是没有理论，而是没有践行理论之人。这是我们民族的劣根性所在。往往是讲话"海誓山盟"，执行"半点不灵"，说完了也就等于做完了。我们的法律、规章、文件无不详细完备，即使只是执行百分之十，腐败现象也不可能发展到现在这种程度。如果我们做公事需用私利作驱动才能有效这种民族劣根性不能从根本上破除，想治理腐败是很难有所作为的。这便是反腐败工作的难点所在。

（三）民主权利的张扬与反腐败

我们谈到民主，就是官员直选，以为人民去直选官员就民主了，以此寄希望于解决社会生活中的腐败问题。其实这也未必，或许我国的思想体系中缺乏民主的基因，或者说民主的思潮从来不占主流。有的是君君臣臣、官官民民、主人仆从、大人小人，尽管现在没有了称谓上的体现，但这种深入骨子里的文化是不会轻易消失的。在我们的政治遗产中，也没有民主思想基础，更缺乏实践的经验，只有些民主的空泛议论，极少有现实性，但其平均主义思想是存在的，也就是"等富贵，均贫贱"。在西方，个人权力思想和代表制的实施，发端于其封建时代的经验，强调权利与义务的关系以及两者之间的法律性。民主是一种思想，如果想把民主当成武器来解决腐败问题，那与民主的本意是背道而驰的。西方民主制度的一些内容是有用的，对他们有用，对我们也有用，但现在搬来他们的民主是不是就有用呢？我国的民主之路，在一定的时间内，是人民代表直选，而不是官员直选，官员直选的条件并没有完全成熟，只在少数地区具备。如果搞官员直选，就会造成更大的灾难，因为就资源条件来说是不均衡的。但无论如何，中国人民经过了无数流血牺牲，在中国共产党的领导下，终于挣脱了封建主义的家天下的桎梏，为中国的民主迎来了转机，这种民主的转机必将会为解决腐败问题寻找到正确的出路，这只是时间长短的问题。这里要解决的是，我们必须克服政治上的、思想上的、文化上的、教育上的、传统观念上的诸多困难因素。

但在这民主的发展进程中，我们在民主权利不能充分发挥的情况下如何去解决腐败问题呢？可以通过对民主权利的张扬来抑制腐败现象的滋生，相关数据可以佐证这一点。这里要作两点不同的说明。其一，检察机关的反腐败线索百分之九十来自于人民群众的举报。这说明腐败分子的腐败行径不是天衣无缝、无迹可循的，是可知的。人民群众已经开始自发地同腐败分子作斗争了，这是民主进程中民主权利张扬的结果。其二，有统计资料称百分之七十的举报人不同程度地受到了腐败分子的打击报复。之所以会出现这样的现象，主要是民主权利得不到彻底张扬的结果。民主权利是现代国家最显著的特征。国家公务人员是人民雇来的管家，而他们却利用职务之便搞腐败，主人却要去向另一个管家举报，还可能会遭受到打击报复甚至是迫害。这是由于民主权利得不到张扬所造成的，这也是民主进程中必然会发生的。民主与腐败实际是一种博弈，而在这种博弈中，人民必将建立起直接收回腐败分子权力的程序。如果没有这个程序，是不能解决腐败问题的。只有这样，才能使民主权利得到彻底的张扬，才能让所有的公务人员直接置于民主权利的管理之下，才能从根本上抑制腐败问题的产生。

（四）治理腐败与惩治比例的关系

我们一般认为，腐败问题是政治问题或经济问题，如果探本求源地深入分析，腐败其实是市场问题。人类社会生存的基本法则是交易，是从交易中获取利益，无论是政治的，还是经济的，一切都表现在市场交易之中，腐败也不例外。有了需求，就有了市场。由于腐败这个市场有害于我们的社会，我们只能从消灭这个市场下功夫，达到让买方无利可获，卖方无货可卖。在现有的条件下，我们还没有办法做到以上两点，那么，我们就只有对这个市场进行全面的监管，但这种监管不能靠这个市场的管理人员，他们没有能力管好这个市场，而且还有和腐败分子同流合污的可能，我们只有在这个市场的主体外形成另一种监管力量才有可能解决这个腐败市场问题，这是治理腐败的思路所在。

那么，我们要多少年的时间才能解决腐败问题呢？关于腐败的治理时间问题，有专家和学者提出，中国治理腐败的时间为30年左右，也就是预言我们在短时间内不可能有效治理腐败。也有一些人认为，腐败问题是无法治理的，从而丧失了反腐败的信心。我们社会上的腐败现象，多年来一直是呈几何级地发展和增加。在没有行之有效的解决措施的情况下，腐败也不可能按某个设定的比例每年增加或下降多少个百分比。假如一个医生对一个患者的病情束手无策，却告诉病人花多少年能够治愈，显然是缺乏医学科学根据的。事实上，铲除腐败并不难，只是由于反腐败的措施不得当，才导致了对腐败问题的治理不力。如果措施得当，我们完全可以在1—3年内基本解决目前社会存在的腐败现象，在3—5年内从根本上制衡腐败行为的发生。再经过7年以上的努力，从根本上把我们社会生活中的腐败现象控制在人们能够接受的范围内。这是完全可以做到的，也是对解决腐败问题的基本时间判断。

在这里还有必要探讨一下腐败分子的数量问题，以求有个正确的估计。腐败分子到底有多少？并没有准确的数据可查。

民间有一种说法是：挨着处理有冤的，隔一个处理一个有漏网的。这也只是市井的猜测，是没有事实根据的，但也绝不是空穴来风。有资料称，相关机构在一定范围内作过调查，其中60％以上的干部有腐败行为；而2009年公布处理的腐败分子占干部总数的比例为1‰多一点。前一种说法出自民众之口；后一种说法有相关证据，不容人们不信。但这里也有个区别的问题，是腐败到犯罪的程度，还是一般的错误。众口之言未必就是事实，但调查不是普查。同样，就算调查属实，但中国有2 000多个县，也未必全是如此。这里的真实情况应当是：既不是人们情绪化言论中所夸张的那么多，也不是处理比例的那么少。从整体上来看，我们的主流干部队伍是没有问题的，否则你就没办法解释我们的发展成就。对这个问题进行客观而理智的估计，是我们治理腐败方略的前提。

在估计了腐败分子在我们干部队伍中的比例后，解决腐败问题与惩治腐败分子比例的关系问题就摆到了我们面前。有关治理腐败与惩治比例的关系问题，理论界、政界、民间一致认为，腐败现象猖獗是由于对腐败分子的惩治比例过低造成的。这种认为无疑是正确的。如果能够大幅度提高对腐败分子的惩治比例，肯定能对解决腐败问题起到一定的作用。但也有值得商榷的地方，其实即使能够提高对腐败分子的惩治比例，会对打击腐败起到一定作用，也不会从根本上解决腐败的问题。假如我们现在把所有的腐败分子一网打尽，也同样会继续出现新的腐败现象，同样会愈演愈烈。如果我们把腐败治理的希望全部放在提高腐败分子惩治比例上，就不可能达到根治腐败的目的。提高对腐败分子的惩治比例，只是治标，而不是治本，治理腐败必须是标本兼治。

所以，不能寄希望于通过提高对腐败分子的惩治比例来取得治理腐败的良好成效。

从我国历史上来看，我国的社会腐败问题可以说是由来已久，是伴随政权的产生而产生的，一直随着我们的历史发展而发展。并不是新中国成立后才有的，而是封建残余思想的流毒。如果我们从时间上算起，90年对于一个人来说可以是一生的时间，但对于一个政党来说，历经90年也不过还只是个蹒跚学步的孩子。如果要求这个政党在执政后不会滋生腐败或把所有的事情都做到尽善尽美，未免有些苛求，把腐败现象存在的责任全部让共产党来承担，是不够客观的，也是不够公平的。我们从来就没有有效地解决过腐败问题，这里有诸多历史因素、文化因素以及经济因素。要从历史沿革的角度看待腐败现象的存在，这样才能客观公正一些。今天我们社会生活中存在腐败问题的责任不能全部由共产党来承担，也不应当成为一些人攻击共产党的理由。

当然，现在让我们忧虑的是，腐败问题解决得不尽如人意，现在仍有不少腐败分子存在于党内党外。这些腐败分子心中非常清楚，党和政府对惩治腐败是不遗余力的，只要党的执政地位存在一天，就会坚决地打击腐败，他们这些腐败分子就存在着被党和人民审判的风险。为了保住他们既得的腐败利益，他们也可能利用我们社会中存在的一些问题，打着反腐败和民主旗号来批评和攻击党的领导，从而达到逃避罪责的目的。尽管我们的社会生活中存在着比较严重的腐败现象，但广大人民是信赖、拥戴党的。当前的问题在于必须坚决把腐败分子铲除干净，否则，党的执政地位不是会失于人民，而是会在腐败分子所谓的反腐败和所谓的民主中丧失。

（五）刑罚与腐败分子外逃的问题

其一，解决腐败问题与刑罚的关系。

对于那些被查出来的腐败分子，有的人主张对其施以严刑峻法。明代采用的那些办法确实收到了一定的治理成效，但也并没有让明代江山永固，最终明朝也是亡于腐败。就我们社会的现实情况而言，腐败分子不是十个人在那里排队，前面第一个腐败，你杀了他，后面的就不敢腐败了。这种想法和事实是不相符合的，如果我们仔细研究，可以得出这样的结论：有相当一部分腐败分子涉足腐败，尽管有其自身的原因，要为自己的腐败行为承担责任，但也存在着其他一些因素，当然我们也不能因此而宽恕他们的腐败罪行。我们的着眼点和侧重点不是放在腐败分子腐败后的处理上，而是要将其置于一个不敢腐败、不能腐败、不想腐败的社会环境，使他们失去腐败的基础，这样自然就不会有人腐败了。我们不是依靠刑罚去解决问题，因为刑罚已经是处理和解决问题的底线了，刑罚再重也不可能从根本上解决腐败问题，这已为历史所明证，是没有办法的办法。我们可以通过更为有效的多种途径来解决腐败问题，探索出比刑罚手段更有效的方法去解决腐败问题。

其二，腐败分子外逃问题。[1]

据有关资料披露，近30年来，我国外逃官员数量约为4 000人，携走资金约500多亿美元，算起来平均每人卷走约1亿元人民币。这也就是说，30年来我国共有4 000亿元人民币被贪官们携卷国外。另外，自1992年以来，公职人员（党政机关、事业单位、国有企业、驻外机构公派人员）外逃，或随代表团外访、探亲、旅游逾期不返，公派人员学习、工作期满不归等，

---

[1]数据来源：http://www.yigancn.cn/Thread.asp?tid=521

共有61 577人。这里并没有包括那些已经有定居权的亲属，也不包括盗窃国库后以合法身份出境的。外逃公职人员的资料表明，1992年至2007年6月底，外逃干部中：省部级（包括副省部级）干部，87人；正地厅级干部，320人；副地厅级干部，1 920人；处级干部，33 250人；副处级干部，11 340人。[1]

据中国社会科学院和广东省社会科学院2011年4、5月的统计，从20世纪80年代中期至2003年底的20年间，党政干部的配偶和直系亲属在境外、外国定居的人数为120万人，其中：香港地区，15万；澳门地区，1.2万人；新加坡，4 000人；泰国，5万人；韩国，1.5万人；日本，7 000人；加拿大，20万人；美国，18万人；南美，1.5万人；英国，5万人；德国，6万人；法国，10万人；意大利、荷兰，5.8万人；瑞典、瑞士、比利时、奥地利、挪威、芬兰等中、北欧国家，15万多人。

另有相关数据显示，2004年若干高干家属及其直系亲属（按级别分类）在境外、外国定居的人数为：前政治局常委家属及其直系亲属，21人；前人大副委员长、前副总理、前政协副主席(党员)家属及其直系亲属，277人；前省、部级高干家属及其直系亲属，2万多人；现职省、部级高级干部家属及其直系亲属，726人。

对于既没有经济问题也不是贪官的合法移民，自然要尊重其人权和对生活的选择，这是无可厚非的。但对于那些外逃的贪官，人们关注的重点很多在于追回所卷走的财富上。但是，还有一项工作是应当全面展开的，那就是国家有必要体现国家的意志，启动司法程序：根据现有的证据对这些外逃贪官进行司法审判，从法律上确定这些腐败分子的罪行，最后依据所形成的判决，启动国家各种力量，追回人民的财富。

---

[1]数据来源：http://www.yigancn.cn/Thread.asp?tid=521

三、反腐败的借鉴与创新

（一）中国历史上的反腐败措施[1]

秦朝严禁官吏利用职务之便牟取私利，比如："吏自佐、史以上负从马，守书私卒，令市取钱焉，皆迁。"意即佐、史以上的官吏，利用驮运行李的马和看守文书的私卒，为个人进行贸易牟利的，处以流放之刑。

汉武帝规定，吏民可以越级上书，甚至可以直接到皇官反映地方官的贪腐问题。对这些上书者，各地官府不但不能拦阻，还要提供食宿、车辆。许多贪污大案就此浮出水面。汉宣帝注重源头治理。对刺史郡守之类的重要官员，任前都要进行谈话，看其是否称职。他还"五日一听事"，要求"自丞相以下各奉职而进"，定期述职，亲自问责。

北魏献文帝规定，"纠告得尚书已下罪状者，各随所纠官轻重而授之。"对尚书以下官吏的贪腐行为，如举报属实，则以被告者官位授之。孝文帝"班行俸禄"，高薪养廉，严禁官吏经商，否则处死。

隋文帝让亲信"密查百官"，搞不定期暗访，对贪腐行为严惩不怠。他还派人暗中向一些可疑的官员行贿，这些人一旦受贿，即行处死。上海的钓鱼执法，估计是受此启发。隋文帝规定，地方官不得在同一地区长期任职，刺史和县令任期为三年，其他低级官吏任期为四年，期满后必须调离，不存在连任两届的特殊情况。

长孙顺德受贿绢帛数匹，事发，李世民在大殿之上，当着文武百官的面，赐其绢数匹，以此来羞辱他。右卫大将军陈万福在驿站索要麦麸，被告发，李世民亦赏赐其麦麸数石，并让他自己背回家去。

---

[1] 资料来源：http://www.plcsky.com/ls/sjzt/219881.shtml

宋太祖规定，各级官员推荐的干部，如在任上贪赃枉法，则"举主坐之"，推荐人要受连带责任。宋太宗也规定，"所举人若强明清白，当旌举主；如犯脏贿及疲弱不理，亦当连坐"。

完颜亮颁布禁酒令，规定"朝官饮酒，犯者死"，不但如此，就连外国使节到访，摆酒接待都得定罪，公款吃喝风遂止。

朱元璋创立"剥皮实草"之刑，凡贪污60两白银以上者，就要枭首示众，剥皮实草，然后将其挂于官府公座两旁，以示警戒。朱元璋规定，官吏下乡搜刮民财、骚扰地方的，"许民间高年有德耆民，率精壮拿赴来京"，可以直接将其捆了送京城治罪。贪官到处，人人喊打，日子很不好过。明朝监察制度所赋予监察官的职责，只是一个"弹劾权"，并不能直接对贪官污吏进行处理，最高的决定权操纵在皇帝手中，所采取的是"以卑临高"、"以小制大"、"内外相维"的制约机制。明朝的监察制度具有动态机制，采取定期与临时相互交替的巡按方式对地方官员进行考察监督。封建社会中的行政监督，一般是采取由固定的上级部门和官吏对下级部门和官吏进行考察。这种办法固然简便易行，但日久成弊，极易形成官官相护的陋习，造成行政监督难以发挥实效。为了解决这一弊端，对地方官员的监察采取了定期和临时交替的巡视方法。同时，对于外派的监察官吏，则采取了定期更换的政策。这些措施，不仅防止了监察官与被监察者相互勾结、沆瀣一气进行舞弊，保证了监察质量，而且也防止了监察机构自身的腐败变质。

嘉庆帝禁止官员进献礼物。三阿哥绵恺进上书房上学，肃亲王永锡"备进玉器陈设等物"，以示祝贺。嘉庆获悉后，将永锡免职，并召集亲王、郡王一干人等聚齐，将永锡所进宝物"当面掷还"。清朝以都察院为全国最高监察机关，掌管对各级官吏的监察与弹劾，并可对皇帝进行规谏。都察院内设"六科"，分别对中央吏、户、礼、兵、刑、工六部进行监察；又设"十五道"，分别对各行省"巡分抚绥"，"澄清吏治"，以为"天子之耳目"。除此之外，各省还设有布政使、按察使和提督学政等，分别对地方民政、司法和教育行政等进行监察；对特定行业，如制盐贩盐、漕运、仓库管理等事务，亦定期或不定期派出巡按御史，进行专项监察。同时，又以巡抚为行省最高行政长官，总督为二省或三省之最高行政长官，各带都察院宪衔，即为地方最高监察官员，由此形成了一个以中央直属的、一步到位的监察机制。

（二）国外的反腐败制度建设

美国：美国是制定防范和惩处公职人员犯罪法律较早的国家之一。1883年，颁布了《文官制度法》，1978年修订为《文官制度改革法》。该法要求政府公务员奉公守法、廉洁自律，不得贪赃枉法，不得以权谋私，不得营私舞弊，不得参加政治捐款等政治性金钱收受活动。1925年，美国国会通过了《联邦贪污对策法》，这是一部预防公职人员腐败犯罪的重要法律。该法把选举中的间接贪污行为作为重点惩处的内容，规定总统和国会议员得到100美元以上的捐款必须登记，参议员竞选费用的最高限额为2.5万美元。1985年推出的《政府工作人员道德准则》规定，不得以任何形式用公职做交易；国家公职人员不得在外兼任与其职责利益相冲突的工作或从事与其职责相冲突的事务，包括不得利用职权谋求工作；所去职的政府官员在离职后一年内不得回原工作部门为别人从事游说活动，违反者将受到刑事处分。1970年，美国颁布实施《有组织的勒索、贿赂和贪污法》。这部法律的主要特点是，扩大了联邦司法机关对腐败犯罪的管辖权，提高了腐败犯罪的刑罚级别，加大了对贪污受贿官员的处罚力度。

德国：法律条文全面、具体、详细，仅有关议员的条文就有12

章，对议员应该享受的物质待遇规定得非常具体、清楚，从普通议员、议长每月的收入，到出差和休假允许乘坐的交通工具，以及平时使用的办公设备，甚至连议员每次缺席会议应该扣除的补贴都有明确的规定。德国法律对惩治贪污腐败的公职人员的规定也很严格。司法机构对利用职务之便牟取私利、受贿的公职人员的惩治规定得非常细致，对违法的司法人员的处罚则更加严厉，最长可达15年监禁。由于德国是一个没有死刑的国家，这样的刑罚算是非常重的了。法律约束和舆论监督，对规范公职人员的行为所起的作用是十分明显的。大多数公职人员认为，自觉做到按章办事是自己应尽的义务，做到公私分明则是最基本的职业道德。

新加坡：新加坡制定了《防止贪污法》、《公务员法》、《没收非法所得法》这3个重要法律文件。根据这3部法律，被指控者必须澄清与其收入不相称的那部分财产的来源，如果说不清楚，这部分"多余"的财产就可被当作贪污的证据而受到指控；一旦受贿事实成立，即构成犯罪，司法机关无须查证受贿事实和受贿人是否向行贿人提供了服务和方便；有犯罪意图也要受到惩罚；任何行贿、受贿，都最高可判5年监禁或至少10万新元(约合49万元人民币)的罚款，或两罪并罚。《防止贪污法》自1960年颁布以来先后进行了7次修改。该法对贿赂的内容和范围、受贿的形式及主题，尤其是对惩治贿赂的机构及其职权和调查程序都做了明确详细的规定，把肃贪倡廉的各项活动都纳入了法律调整的范围。

法国：法国政府于1993年通过了《反贪法》，并批准成立了跨部门的"预防贪污腐败中心"。中心由高级法官及内政部、地方行政法庭、司法警察和税务部门的专家组成，基本任务是收集国家政府管理和经济部门中有关贪污腐败的蛛丝马迹，分析腐败案件的类型，总结现有的反腐经验，研究利用新科技手段犯罪的各种可能性。中心工作人员的任期一律为4年，定期轮换。按照相关法令规定，"预防贪污腐败中心"每年要向政府总理和司法部长提交一份活动报告，内容主要包括针对报告中所阐述的涉及国家机关和企业单位的贪污腐败问题所提出的制裁措施和预防性建议。

日本：日本制定了《行政程序法》及其相关配套条例，政府通过《国家公务员法》，严格规定公职人员的行为规范，同时，还制定了《国家公务员伦理法》，对公务员的道德提出了更高的要求。为避免公职人员利用职务腐败，在日本实行公务员轮岗制度，轮岗范围不局限于政府某一部门内，部门与部门之间也有相互轮岗。课(处)级两年轮岗一次，课级以下的一般是3年，公务员级别越高，轮岗越频繁。轮岗的最大好处是，如果公务员在职期间有腐败行为，下任后就会被发现，而且在任时间越短就越不容易发生腐败。

(三)反腐败的实践创新

随着学习贯彻科学发展观的全面开展，构建和谐社会的理念逐渐深入人心。人们越来越清楚地认识到，没有稳定，就没有和谐，就会对整个社会生活产生不利影响。目前，诸多影响社会稳定和谐的不利因素，无不与腐败紧密关联，这早已成为人们普遍关注的热点问题。腐败问题如果不能得到有效解决，就会加深整个社会的矛盾积累，威胁到社会的和谐稳定。然而，现实社会生活中的腐败治理工作，仍然存在着不尽人意之处，长此以往，就会逐步蚕食并摧毁人们心中的法律和道德长城。在此，笔者试图从以下三个方面来对腐败治理工作做一些有益的理论探讨和分析，以期为党和政府的反腐倡廉工作提供一些可供参考的实践路径。

1.启动市场机制，以遏制腐败

谁在搞腐败？是那些手中握有权力的腐败分子。从某种意义上来说，除了那些品德高尚不搞腐败或怕受到法律制裁而不敢腐败的人以外，凡是手中握有权力的人都有可能搞腐败。也就是说，每个具有公共权利的人都有发生腐败行为的可能性，只是有没有被证实的问题。那么，谁在反腐败呢？是党在反腐败，政府和人民在反腐败。当然，我们还拥有专业的反腐败队伍。我们反腐败的力量够强大吧？（实际情况就远不是那么回事。从广义上来说是人人都在反腐败，或者说自己在腐败却去反别人的腐败。问问那些有过腐败行为或者已经从腐败中得到过好处的人，他们也说自己是反对腐败的。那些昨天还高喊反腐败今天就因腐败受到处理的，也大有人在。）那为什么会越反越腐，越反越败呢？一方面，由于腐败行为的隐蔽性、利益性与同盟性，腐败分子在相互腐败中各取所需，很难被人察觉。所以，很多腐败分子被查处，既有其必然性，也存在着偶然性。中国很早就有专业的反腐败机构了，现在更为健全，其职责是维护党的利益、人民的利益和国家的利益，而腐败分子维护的完全是个体利益。这两种力量从来就没有平衡过，因为他们的原始动力不一样，而且无论是从人数还是从权力上来说，根本够不上对比。如果离开了强有力的监督和严刑峻法，腐败就成了无本万利的生意，这就是腐败分子"前腐后继"的原因。所以，如果要遏制腐败，我们必须找到利益的制衡点，只有激发人民反腐败的积极性、主动性和创造性，才有可能取得反腐败的成果。

回顾改革开放前的30年，人民群众以极大的政治热情投身于反腐败工作，使腐败分子几乎没有藏身之地。但这种群众性的反腐败已不适应今天的社会实际。我们如何才能即使不再采取政治运动的方法，也能让人们与腐败行为作斗争呢？实际上，存在于我们社会各系统和各部门的腐败分子，毕竟只是少数人，廉洁奉公的仍为大多数。也就是说，相对于广大干部群众而言，腐败分子毕竟是少数人，而且他们的腐败行为是不能见天日的，只要暴露就有受打击的可能。中国有句古话叫作"若想人不知，除非己莫为"，腐败行为可以瞒过局外人，瞒不过局内人，可以瞒过外行，瞒不过内行。我们如何才能让这些知情者检举报告这些腐败分子的腐败行为呢？那就只能走反腐败利益个体化的路子，即通过反腐败的利益化，实现对腐败现象的制约。

我们进一步说明一下，腐败分子搞腐败，很多时候面对的不是个体利益。这就如同一个公共的粮仓，表面上是人人有份，可又不属于某个具体的人，腐败分子拿一点，不涉及到某个人的具体利益。要想动员人们去和这种腐败现象做斗争，就要给斗争者以具体的经济利益，即用反腐败的利益应对腐败的利益，提高和调动人们反腐败的热情和积极性，使那些了解腐败内幕的人，参与和支持反腐败。

我们党和政府反腐败的决心从来都是坚定的，对惩治腐败要求做到"有法可依，有法必依，执法必严，违法必究"，要求"发现一个就要坚决查处一个，绝不能姑息，绝不能手软"。然而，这只是一种反腐败的原则和决心，并不是具体的操作。这里最首要的问题是发现，发现一个才能查处一个，不发现你查谁？查处什么？主要是在发现这个环节上，谁去发现，发现了他会举报吗？为什么要举报？举报了有什么好处？没有好处，还要遭受打击报复甚至迫害，值吗？对于大多数腐败分子的腐败行为，不可能没有人知情。据反腐败权威人士透露，现在查处腐败分子的线索90%以上来源于检举报告。这里的举报者绝大多数是出于对腐败的痛恨和正义感，其中也不乏和腐败分子存在各种利害关系的人士。人民群众应该是反腐败的主体，但很多人由于腐败并不涉及到个人的具体利益和在反腐败中个人得不到实际利益而看之任之。因此，为了有效打击腐败，有必要从腐败行为的罚没中给予检举报告人以必要的经济利益分成。这是提高人们反腐败积极性的一个有效途径，也符合市场经济付出和回报的规则。

也许，大家都知道这样几句耳熟能详的俗语：重偿之下必有勇夫（战场上）；重贿之下必有贪官（官场上）；重利之下必有奸商（商场上）。日常生活中，为了利益，夫妻离婚、兄弟成仇、朋友反目的例子并不鲜见，更别说腐败分子的腐败行为了。在消极的文化背景下，很多人信奉的是"事不关己，高高挂起"、"各人自扫门前雪，莫管他人瓦上霜"的处事原则，不会去管和自己无直接关系的事情，只要不侵犯自己的个体利益就行，腐败不腐败和自己没有直接的利害关系。但如果能对检举报告者给予具体的经济利益，情况也许会不一样。也就是说，凡是检举报告腐败分子的腐败行为或其他犯罪行为的人，都可以因此而获得相应的经济利益，这样就会激发其反腐败的主动性和积极性。对各行各业腐败和犯罪行为的检举报告人，给予明确的经济分成比例。不愿意实名的，可以用匿名密码，分成也可以通过密码验证的方法支付。用经济利益的市场之手去治理腐败，以反腐败的经济去对付腐败的经济，这是反腐败利益个体化的意义之所在。

试举一个交通的例子，一个定员载客17人的客车实际载客30人，违章超员，一旦发生事故，危害自不必说。他们不怕交通警吗？交通警在值勤前就把值勤点告诉了车主，车主就在到达交通警的值勤点前换车卸载，交通警看到的是合格的人数。从本质上来说，车主这也是一种腐败行为，他利用这种腐败行为牟取了私利。如果能够给予检举报告者一定的经济利益，车主肯定不敢如此违规，因为当其进行腐败行为时首先面对的是被举报的风险。

检举报告也可能来自腐败分子内部，这要看他们从腐败中获得的利益情况和利害关系。对于腐败分子来说，获得利益的风险是他们首先要考虑的事，因为首先要提防知情者为了经济利益去检举报告自己。其实，这也是一种反腐败的制度建设。也就是说，国家应出台《公民举报奖励条例》，对包括矿难、食品卫生、行贿受贿、贪污腐败（经济的，政治的，生活的）、黄赌毒黑、拥有非法经济来源等在内的所有危害国家、人民、社会的行为，无论是实名的还是匿名的举报者，一经确认，就给予巨奖。有了这个制度，腐败分子还敢那么肆无忌惮吗？至少不会这么猖獗吧。那么，这样就能彻底反腐败了吗？显然不能，这种利益机制只能对反腐败起到一定的制衡作用。对那些不为人所知的腐败交易和各种违法犯罪所获得的财富，我们又如何进行打击呢？这就要采取另一种方式了，这种方式就是财产普查。

2.开展财产普查，以打击腐败

（1）为什么要开展财产普查

有关研究资料称，中国普通民众犯罪率为1/400；国家机关人员犯罪率为1/200；司法机关人员犯罪率为1.5/100。这个结果显示，国家工作人员犯罪率比普通民众的犯罪率高1倍；职在惩治犯罪的司法人员的犯罪率则是普通民众的6倍。[1]由此可见，国家工作人员与司法人员这两个群体的犯罪率非常高，中国最大的犯罪群体竟然是国家机关人员。另据相关专家的研究表明，中国的富人70%以上为非法致富。腐败首先是经济腐败，现在没有人能说清哪个人拥有多少财富？哪些是合法的，哪些是不合法的？但我们知道，无论拥有多少财富，来源是否合法，剔除消费挥霍之外，都会以各种形式存在于现实世界之中，对于其中用非法手段窃取的财富，以国家的意志进行追偿，也就在情理法之中了。追偿这些非法财富，在古今中外都是个极其棘手的难题。非法财富的非法性、隐蔽性和罪恶性，直接导致了追偿的困难性，这些非法财富的持有者会以种种手段隐匿财富、逃避追偿。因此，靠目前的常规方式已不可能达到应有的治理效果了。对于这个涉

---

[1]资料来源：http://lishi.top81.com.cn/2012/0317/12665.html

及到整个社会公平正义的尖锐问题,不采用超常规的有效手段,已难以达到防范和遏制的目的了。如何解决这个问题,可以根据这一问题的尖锐性、特殊性与复杂性来启用超常规的方式方法。从现有的国力和科技发展水平来看,对全体国民实施财富普查是解决问题的有效手段之一。我们可以通过财富普查确定国民财富的总量,依据国民所从事的职业来确定,哪些人的财富是勤劳致富所得,哪些人的财富是不义之财。社会主义市场经济绝不允许有也不应该有黑市、非法、官场经济成分的存在。彻底查清是哪些人、什么人,是通过什么非法手段,成为百万、千万、亿万富人的。依据普查数据的具体反应,给人民一个真实的交待,使科学发展观中建设和谐社会的理念实实在在落到实处。这是人民所期待的。

(2)普查要做的准备工作

我们已经进行过人口普查、经济普查,积累了比较丰富的普查经验,但还没有对国民财富实施普查的先例。怎样才能做好普查?会遇到哪些难点问题?哪些人会对普查持拥护态度,哪些人会反对?他们拥护和反对的道理何在?怎样普查才能既有利于构建和谐社会,又不会引起大的社会震荡,是一项非常复杂而艰巨的工作。对其难度和不可见性,要有充分的调研和理智清醒的估计,因为肯定会遇到各种各样难以预料的复杂问题。但是,面对严峻的客观现实,为了整个社会的公平正义、长期稳定与和谐发展,我们就必须通过实施国民财富普查来解决这个严重威胁社会和谐稳定的问题。那么,怎样查?查什么?要做哪些准备工作呢?首先,要充分征求人民对财富普查的意见和建议,只有取得了人民的拥护,普查才有可能查得下去、查得准确、查得顺利。其次,要有强有力的舆论宣传,对于实施国民财富普查的现实意义和构建和谐社会的关系进行广泛宣传,使人民给予充分的理解、支持并积极参与,为实施普查打下良好的舆论基础。最后,要向人民说明,我国宪法明确规定依法保护公民的私有财产,这里所指的私有财产是指合法的私有财产,而不是非法的不义之财。普查的目的,是为了打击非法的不义之财,是为了更好地保护私有财产,而不是去侵犯国民合法的私有财产。要使人们懂得,法律保护的永远是合法财富,不义之财则迟早会受到追偿,为普查的实施提供强有力的法律保障。

（3）要实现的基本普查目标

普查工作的开展,至少要查清楚我们到底有多少富人,多少穷人,穷人穷到什么程度,是什么原因导致的,有多少负债?富人富到什么程度,他们到底拥有多少财富,是通过什么方式致富的?每个家庭有多少动产和不动产,如飞机、车、船、房产、现金、存款、黄金、证券、字画、古玩、各种投资及其他资产。仅以房产为例,在哪个城市拥有房产?是一线城市,还是二、三线城市?是一套,还是多套?是全资购入,还是银行贷款?是房改单位分房,或拆迁补偿,还是利用手中的特权搞制度腐败购房?所购房产与当时的市场价差是多少?对这种特权集团的变相贪污腐败行为怎么办?购房时的收入与所从事的职业收入是否相符?如是借款,是向何人所借?总之,只要准备工作做得充分,方案周密细致,从技术层面来说,是基本可以达到普查目的的。

当然,实施全民财富普查需要动用一定的物力、人力,需要投入一定的成本。依据现有的国力,是能够承受得起的。从经济学的角度来讲,我们投入的成本会随着普查的开展通过收缴收入来达到"得能偿失",而且还会大大超过我们的投入,无论是经济账还是政治账都是合算的。我国大约有3亿多个家庭,其中与工、商、官、黑和获得非法收入渠道无关的普通工人、农民家庭占绝大多数,对于这样的家庭只要进行一般的登记就可以了。除此之外，靠守法经营获取财富的家庭占绝大多数，这些家庭的普查成本也不会太高，主要的成本会发生在对一小部分家庭非法财产来源的调查上，但是，从构建社会主义和谐社会的政治高度出发，是完全值得的。

（4）普查的基本步骤和注意事项

实施财产普查，实际上是一场特殊的战争，是一场财富的争夺战。所以，必须要有法律依据，也就是说必须得到国家最高权力机关的授权或由国家最高权力机关责成具体的机构组织实施。为确保普查数据的真实性，避免有人暗箱操作，不能沿用人口普查和经济普查的老办法，要实行垂直领导、一竿子插到底的交叉实施策略。其中，要有反贪、纪检、公检法、监察、审计、证监、银监、工商、税务等部门联合办公。要稳扎稳打，步步为营，逐步过滤，缩小包围圈。重点要放在拥有决策权、审批权、财权、物权的干部以及从事证券业、银行业、物流业、地产业、采矿业的人员上。也没必要去上门普查，可以一律采用自行申报的办法进行，由普查工作人员对普查材料当场密封，以确保公民财产的隐私权。对普查工作人员进行严格的保密教育，对因财产普查或由于普查泄密造成当事人经济损失的，要给予国家赔偿，相关人员要追究责任。

普查表最后应该附上这样两句话：

①请您仔细核对相关数字，保证所列数字的真实性，您将对相关数据的真实性承担相应的责任。

②您可以随时随地不限次数地向本部门申报所遗漏的财产普查材料，并予以签字。

对不能自己填表的由本人申请可由工作人员上门填写，并承担保密责任。对在规定时间内拒不接受普查的公职人员一律由纪检部门责成定期完成。普通公民由司法机关予以双限，即限定活动范围、限期申报普查材料。这样就可以根据本人材料中个人的履历表和所从事的行业核查其家庭财产来源的合法性，对于材料的真实性，股票、现金、资产、税务、房产等分别由证券、银行、工商、税务、房产部门来进行调查。为防止有关人员弄虚作假导致失实，就要采取一普查、二复查、三调查的办法。由不同区域的工作人员进行对换轮转，不管是谁、权有多高、钱有多少都概莫能外，让其无机可乘。也不要说谁腐败、谁不腐败、谁反腐败了，打开门看一看就一目了然了，这样可以达到阶段性的腐败治理目标。

（5）政策界定

普查部门的权限要只限于落实申报对象申报数据的准确性上，因为这里面的情况会千差万别，非常复杂，要对有问题的人和财产制定统一的处理政策，这样也是防止有人利用反腐败而搞腐败，进而滋生新的腐败，把好事办坏，这方面历史上的教训太深刻了。要真正做到让人民满意，让当事人口服心服。对于运营中的工商业，要保证其正常运营，对能将不当得利退还国家的不宜捕判，应当给予出路，不能搞不教而诛。这些人走到这一步，与平时的教育管理不力有很大关系，给予教育和训诫就可以了，以减少社会震荡。我们普查的目的，是要收回腐败分子手中的不当得利，还利于民，使腐败分子不致在腐败的道路上越陷越深。要人事分离，办事不办人。如果不能法外施恩，后果将会很严重。对于纯民营的不涉黑的工商业不必要求过严，但对于涉黑护黑的要坚决绳之以法，这些人欺压良善，祸害百姓，实在可恨。

我们过去对腐败分子和各种经济犯罪打击不力的原因在于，我们采取的是一种在池塘中钓鱼的办法，上来一个抓一个，更多的还藏在水中。中国现在的经济犯罪已不仅仅是官员腐败那么简单了，他们一次投入那么多去行贿，他们所得的不当得利不知会放大多少倍，这都是不当得利。非法的不义之财在我们社会中的比重太大，我们只有用抽水抓鱼的策略，把池塘的水抽干，进而才能从根本上加以治理，收到不战而屈人之兵、兵不血刃的效果。

财产普查，说到底是一种不得已的手段。在社会发展的经济生活中，保证财富来源的公平性是政府起码的责任。以法治国的精髓，就是让每一个人对自己所做的一切承担法律责任，使每个公民都要懂得所获得的每一分财富都要经得起法律的检验，否则最终有一天会受到法律的追究。我们改革开放三十几年的成果，是由全体人民艰苦奋斗换来的，要由人民共享，绝不能为不法之徒所吞噬。在这个事关国家长治久安的问题上，必须求真求实，也就是实事求是。这本身也是以人为本，以最广大人民的利益为本。

当然，社会上的非法财富也可能不像人们想象的那么严重，用普查的事实消除部分人对富人财产来源的疑虑，淡化部分人的仇富心理。另一种情况是，确实查出一部分家庭财富来源不正，是靠关系、凭权利、偷税漏税、侵吞国有资产、经营或保护黄赌毒获取的，就只能依据普查结果另行研究了。财产普查说起来容易，要真正落实可就难了，难度不在普查本身的操作上，而在于腐败分子对实施财产普查的阻挠上。他们是不会赞成财产普查的，因为常规的反腐败已经不能触动他们的腐败问题，如果实施普查，他们的不法之财就会暴露，他们会以各种意见进行反对，这也是开展财产普查的最大难题所在。

3.进一步完善政治制度，强化民主监督，以消除腐败

（1）政治制度的完善是反腐败的根本保证

不论是启动市场之手，还是财富普查，都是临时抱佛脚的办法，都只能是在腐败——反腐败——腐败——再反腐败中恶性循环，并不可能从根本上消除腐败，因为滋生腐败的土壤还存在。这

种形势已经不能满足人民对党和政府的执政要求，如何解决边反边腐的问题，从根本上探索出一条消除腐败的根本途径成为摆在我们面前刻不容缓的课题。这个问题一旦解决不好，就会让人民增加对政府的不满和轻视，使之丧失群众基础，失去民心，逐步缩小党的社会基础，最终动摇党的执政地位。一个腐败的政权，就如同纸糊的房子，是经不起政治风暴的，前苏联的解体就是明证。社会主义民主是人民当家作主的新型民主，民主政治建设既有它的紧迫性又有它的长期性。社会主义社会是个不断发展变革的社会，社会主义政治制度也有一个不断发展完善的过程，只能去不断探索和完善，以逐步建立起在现行的政治框架和经济秩序下符合中国国情和民情的反腐败路子，从根本上消除腐败行为。

（2）腐败和一党执政没有关系

有人说，现在的腐败都是一党执政的问题，资本主义民主如何尽善尽美，没有腐败，这至少说明他们对历史了解得不够全面。就我国具体国情而言，没有共产党员就没有新中国，只有社会主义才能救中国，这是真理。中国共产党的执政地位是历史形成的，这一点和世界上其他国家有所不同，这也就增加了解决执政腐败的特殊性——因为缺少一种执政力量的制衡，所以必须要走从整体制衡（党与党的制衡）到具体制衡（个体的制衡）的路子——没有可疑之处。否则，就没办法解释我们在社会主义制度下用三十年时间取得资本主义制度下的百年建设成就。党的执政地位是历史形成的，也并不能说一党执政就必须腐败，这是没有根据的人云亦云。我们的政治制度从设计上来看并没有什么不合理之处，腐败问题和所有的社会矛盾完全可以在这个体系内得到解决。解决问题必须依据现有的政治经济基础和条件来考虑，从目前来看我们已经基本具备铲除腐败的基础和条件。如果没有解决好，就是方法和策略的问题，不能说是一党执政的问题，党的执政地位和腐败没有任何因果关系。如果有人一定要这样讲的话，只能说明他对世界政治缺少正确的认识和洞察。中国共产党立党为公，执政为民，是正确的、光荣的、伟大的，如果要求这样大的党不能出现叛徒和变节者是不客观、不现实的。腐败分子实际上就是党的叛徒和变节者，我们必须铲除他们，以保持党的先进性、纯洁性和战斗性。腐败的问题，主要是出在对制度的完善上。现行政治制度的缺陷，实际上是由于对权力的制衡没有到位所致。有人向往西方民主，其实他们的制度也是逐步由不成熟走向成熟，由不完善走向完善，他们的人民是付出了血的代价的。我们的政治形成才几十年，也要经过一个成熟和完善的过程。

（3）民主与制度的关系

对于腐败治理问题，很多人提出了政治体制改革的主张，但怎样进行政治体制改革，好像也没有人开出个具体的药方，也不外乎是西方民主那一套。你能说人家的民主不好吗？好像不能这么说。如果说好，好几个国家也照搬他们的民主模式，为什么也腐败横行，把国家搞得一团糟呢？事情似乎没有想象中的那么简单。西方国家建立民主制度也是经历了长久的起义和战斗，才有他们今天的民主。而一些人只看到了民主的好处，只看到了人家的成果，想省略过程直接去享受结果，好像也不太容易实现。世界上任何国家的民族都有各自的特性，其民族性是不可替代的。所以，政治体制改革必须适合其民族性，否则必然会适得其反。

现在关注民主的话题太多了，一说腐败就谈民主，以为民主是一种制度，一民主就什么问题都解决了，是包治百病的灵药，这是一种误解。其实，民主是素质，不是制度，民主就像马路上的红绿灯，对不同素质的人起着不同的作用。有了素质,不需要什么民主,同样能解决问题;有了民主,而没有素质,同样没有用。

(4)监督与制约

1945年夏,黄炎培和几位参政员访问延安,从而有了与毛泽东畅谈未来新中国的一段历史对话。

黄炎培直言:"我生六十余年,耳闻的不说,所亲眼见到的,真所谓'其兴也渤焉,其亡也忽焉',一人,一家,一团体,一地方,乃至一国,不少单位都没有能跳出这周期率的支配力。大凡初时聚精会神,没有一事不用心,没有一人不卖力,也许那时艰难困苦,只有从万死中觅取一生。既而环境渐渐好转了,精神也就渐渐放下了。有的因为历时长久,自然地惰性发作,由少数演为多数,到风气养成,虽有大力,无法扭转,并且无法补救。也有为了区域一步步扩大了,它的扩大,有的出于自然发展,有的为功业欲所驱使,强求发展,到干部人才渐见竭蹶、艰于应付的时候,环境倒越加复杂起来了,控制力不免趋于薄弱了。一部历史,'政怠宦成'的也有,'人亡政息'的也有,'求荣取辱'的也有。总之没有能跳出这周期率。"

毛泽东肃然相答:"我们已经找到了新路,我们能跳出这周期率。这条新路,就是民主。只有让人民起来监督政府,政府才不敢松懈。只有人人起来负责,才不会人亡政息。"但毛泽东的人民监督是人治下的人民监督,不是法制下的人民监督,那是不能复制的监督。而毛泽东的人民监督思想是毛泽东思想最重要的组成部分,历史上从来就没有人提出过这一思想,只有毛泽东用人民监督思想来实现社会主义民主政治。没有制约和监督的权力必然会产生腐败,但只有制约监督是远远不够的。监督监督,监而不督,最后同流合污。所以,必须要有制衡,制衡实际上就是平衡。跷跷板要把支点放在中间。如果要权力不腐败，唯一的出路就是制衡权力，没有第二条路可走。这条路并不新鲜，对我国来说也就是人民民主监督，使人民民主监督制度化、规范化、程序化。以制度化、规范化、程序化的人民监督来制衡权力的行使，这是解决腐败问题的途经。

（5）政治制度不成熟和不完善的表现

人民代表大会制度是我国的政体，是我国的根本政治制度。宪法第二条规定："中华人民共和国的一切权力属于人民。人民行使国家权力的机关是全国人民代表大会和地方各级人民代表大会。"人民代表大会制度是实现人民当家作主的政治形式，这一制度的基本内容是：①各级人民代表大会都由民主选举产生，对人民负责，受人民监督。②国家行政机关、审判机关、检察机关都由人民代表大会产生，对它负责，受它监督。这就从法律上规定了一切权力属于人民。但是，不作为、乱作为、胡作非为、敲诈勒索比比皆是，人民就是作主不当家、当家不作主，你还没有办法。不是人民监督吗？事实是，你有权监督但就是监督不了，这是为什么呢？既然"各级人民代表大会都由民主选举产生，对人民负责，受人民监督"，那么，没有真正的、完全地实现人民对人民代表的直接选举，人民代表就不可能代表人民民主监督政府，所以我们必须解决的问题是人民对各级人民代表大会的直接选举问题，选举的问题解决了，也就是解决了监督问题。

（6）怎样实行人民选举和监督

那么，怎样才能实现监督呢？居住在乡村的大多数人都知道所在地的村长、乡长、县长是谁，城市居民大多数都知道居委会主任、区长、市长是谁，但如果你问他"你的代表是谁"，大多数人未必知道。这样的人民代表不可能有对人民负责的动力，也不可能对政府官员的行为实行有效的制约和监督，要不然也不会有这么多的腐败问题。问题出在哪里，根子在于人民不能制衡代表，代表不能制衡政府官员对权力的滥用。对整个国家而言，是面的问题，而一村一乡、一县、一居民委、一街道、一区、一市则是点的问题，面是由无数个点组成的，点的问题解决好了，面的问题也就解决好了。

我国大规模地民选官员的条件还不具备，对于这一点，邓小平指出，"像我们这样一个大国，人口这么多，地区之间又不平衡，还有那么多民族，高层搞直接选举现在条件还不成熟，首先是文化素质不行"（《邓小平文选》第三卷，人民出版社1993年版，第242页）。同时，他还指出，"没有民主就没有社会主义，就没有社会主义的现代化"（《邓小平文选》第二卷，人民出版社1994年版，第168页），这句话又强调了民主的重要性。我们虽然没有条件实行官员直选，但每届农村以行政村、城市以居民委为单位选举两名人大代表还是可以办到的，这样，农村由村选人民代表组成乡人大委员会，乡选人大代表组成县人大委员会，城市以居民委人大代表组成为区人大委员会，以区人大代表选举的代表组成市人大委员会。代表向选民负责。本级人大代表至少要有三个权限：

①免职同级一把手以下的公务人员，只需向同级政府机构备案即生效；

②免职同级政府一把手，只需向上一级政府机构备案即生效；

③上级政府机关在任命下级一把手时，获得下级人大代表的表决同意。为保证人大代表的新陈代谢，从时间上与换届选举同步，但国家公职人员不能参加人大代表的竞选。

为确保每个代表的民主权力不被人为地操纵，所有动议由人大代表提出后，经与会代表讨论，一律表决过半数生效。这样，我们就可以建立梯级金字塔式的人民对政府权力的监督结构，"选民——代表——政府"层层制衡。有事当然要找政府，政府该办不办，由选民找他的代表解决，由代表向政府具体提出质询；代表要定期向选民了解本选区内的公务人员是否有腐败、不作为、乱作为、不勤政等问题；选民可随时随地向代表反映问题，以便代表向大会提交讨论议题，选民小组有权罢免自己的代表；本选区内政府的重大事项要移交人大代表讨论表决后实行。这样，我们就完善了中国特色的社会主义民主模式的基层民主建设，也就实现了对政府工作的人民民主监督。把人民民主监督从理论上实实在在、行之有效地落到实处，从根本上消除腐败行为，这是解决当代中国腐败问题的根本途径。

综上所述，只要能够坚定反腐败的信心，从根源上对社会腐败问题有清醒的认识，用正确的反腐败理论去指导反腐败工作的实践，我们就能够在一定的预期内解决腐败问题，我们必须实现也一定能够实现我们的反腐败目标。

四、再论腐败与反腐败

行文至此，就腐败与反腐败的问题，已经作了一些不尽全面的阐述，但仍是意犹未尽，觉得有些理论认识问题没有讲清，仍有进一步说明的必要。没有正确的、深入的、全面的理论分析，就不可能得出正确的理论结果；没有正确的理论，就不可能正确地指导实践。基于这方面的考虑，笔者在此作一些理论上的补充。

（一）关于腐败

1.权力就是腐败的源泉

权力就意味着膨胀，膨胀的权力就会为自己在权力范围内牟取更大的利益，这是正常的社会现象，没有什么大惊小怪的。只不过腐败方式所表现出来的侧重点不同而已，有的是在政治上，有的是在道德上，也有的是在物质上，这都是必然的。世界是个相生相克的世界，是个阴阳平衡的世界，有了问题，人们总会去探索问题发生的成因和规律，去探索解决问题的办法和渠道。这样，社会就在腐败、反腐败中前进和发展，社会也不可能永远腐败下去，这不符合社会发展的规律，人们在社会的前进和发展中一定能找到一条解决权力腐败的道路，这已为社会的发展所证明。对于不同的国家和不同的社会制度来说，解决腐败是必由之路，否则就会被社会发展所淘汰。所以，要正视社会生活中的腐败现象，并给予正确的估计，腐败不过是社会发展中社会机制不完善的表现而已。随着社会的发展和前进，腐败必将成为社会生活的过眼云烟。

中国社会的统治权力，是以一种政治力量推翻另一种政治力量的方式来获得的，而这种权力的取得绝大多数都是通过暴力手段完成的。这些胜利者就获取了对这个社会的绝对统治权，而这种统治权在没有被另一种政治力量取代前是不能更改的。权力就是腐败的源泉，其自身就必然会在这种绝对权力下逐渐形成腐败，这是不以人的意志为转移的定律，而任何一种绝对的权力都不可能自己寻找一个势力来制衡自己的权力，除非这种制衡的力量是历史形成的。而统治者本身的自律机制是不可能解决自身腐败问题的，因为自律机关也是权力机构，也一样可能滋生腐败。不过是腐败分子反腐败——以贪反贪而已。这就如同一个人希望靠自身的免疫系统不得病一样，这种极端的权力就必然会滋生腐败，其统治权力也必将在其腐败中灭亡，而另一种新政权也必将在执政中继续腐败下去，这只是其腐败时间的早晚问题。这样，就会极大地破坏社会生产力，给人民造成深重的灾难，所以，我们必须努力探索出一种能够制衡极端权力滥用的机制，以保持政权的稳定性，使社会生产力避开繁荣—破坏—再繁荣—再破坏的恶性循环，使人民避免由于政权更替而遭受苦难。

2.腐败何以成了社会普遍关注的热点问题

人们之所以如此关注社会生活中的腐败问题,首先是因为我们社会生活中存在着大量的腐败现象。人们对腐败现象给予关注也是正常的,是可以理解的,无需置疑。但有没有其他的原因呢?笔者认为,还是可能有一点的。对于我国来说,历史上的腐败是社会发展的常态,只是有时候表现得突出、有时候不突出罢了。那么,在当代人们为什么普遍关注社会上的腐败问题呢?也与下列因素有些关联:其一,在新中国成立后的三十年里,无论我们怎么评价这三十年,有一点是必须承认的,即这段时间政府人员起码没有经济上的腐败问题,这是任何人都否认不了的。面对近三十几年政府工作人员的腐败,人们很自然地会与过去的政府人员相对比,对腐败现象给予关注,这是正常的社会心理反映,无可厚非。其二,三十年前的经济生活是非常单一的,腐败分子的经济腐败机会是非常少的,不可能滋生今天这么多的腐败行为,而如今社会经济活动的增加也就在一定程度上为腐败分子的腐败行为提供了机会。(当然,腐败还有其他方面的多种因素。)其三,从这三十几年的开放来看,人们对世界的生活有了全面的了解,人们知道了外部世界是怎么回事。从对比的角度来说,人们会把政府的廉政建设与发达国家相比,而不会去和发展中国家相比,也不会和更腐败的国家相比。这也是社会腐败问题成为人们关注热点的原因之一。

根据《人民论坛》"千人问卷"调查显示,未来10年的10项挑战分别为:第一大挑战为"腐败问题突破民众承受底线",82.3%的受访者选择了此项;第二大挑战为"贫富差距拉大,分配不公激化社会矛盾",80.6%的受访者选择了此项;第三大挑战为"基层干群冲突",63.2%的受访者选择了此项;第四大挑战为"高房价与低收入的矛盾",62.8%的受访者选择了此项;第五大挑战为"诚信危机,道德失范"，61.7%的受访者选择了此项；第六大挑战为"民主政治改革低于公众预期"，52.3%的受访者选择了此项；第七大挑战为"环境污染，生态破坏"，51.6%的受访者选择了此项；第八大挑战为"老龄化矛盾凸显，老无所依，老无所养"，44.1%的受访者选择了此项；第九大挑战为"大学毕业生就业更加困难，诱发不稳定因素"，43.4%的受访者选择了此项；第十大挑战为"主流价值观边缘化危机"，36.3%的受访者选择了此项。[1]

这个调查表明，当前的社会腐败问题已达到了人民所能忍受的极限。我国历史上因政权腐败而导致的政权更替中，大都出现了大规模的战乱，从而对社会生产力的发展产生了极大的破坏，造成人口损失，人民流离失所。那些在政权更替中的受益者永远只是少数人，他们也会和其前朝一样，利用人民的力量推翻旧政权，转过来继续统治和奴役人民。从新中国成立之日起，中国人民迎来了新世纪，在这种新的政权的组织形式下，为解决几千年来因政权而腐败的问题提供了契机，我们可以在这个组织形式下全面地解决腐败问题，达到国家长治久安的目标。我们治理腐败要达到人民所能接受的心里底线。人民不去谋求以推翻政权为代价来解决社会的腐败问题，因为这个办法极易引发暴力，会对人民和社会造成极大的伤害。要使人民的力量致力于谋求经济的发展和解决发展中的社会问题，而不是设法通过解决政权问题去解决腐败问题，使政权的腐败不再是人民普遍关注的热点问题。从西方世界腐败治理比较好的国家来看，尽管他们的政权和政府也有腐败的现象，但腐败不是他们的主流行为，他们虽然也会更换首脑，但整个政权绝不是因腐败而倒闭，避免了大的社会动荡，这就为他们一心一意去解决其他社会问题提供了坚实的基础。腐

---

[1] 资料来源：http://www.chinaelections.org/printnews.asp?newsid=164454

败不可能在社会生活中完全消失，但要有个度，有个基本的底线，确保腐败不能突破这个基本底线而泛滥成灾。

和谐的社会就是没有矛盾的社会，即使有矛盾也能够通过社会机制加以解决。腐败分子是通过手中的公共权力来牟取个人私利的，他不可能向权力强势的一方伸手，而只能去挤压弱势群体，且必须通过显著的不公平获取不平等的利益。这种对大众利益的掠夺，必然会激起人民的不满进而奋起抗争，腐败分子则会动用公共权力全面打压，从而进一步激化社会矛盾，以至于不可调解。这种社会矛盾积累到一定程度，人民就会由热爱政府、相信政府，到不信任政府，最后到对抗政府以保护自己的利益。某些社会矛盾，可以通过道德手段或法律手段加以解决，但是，广泛存在的腐败现象倘若得不到有效治理，则必然会激化社会矛盾。因此，解决当前社会问题首先就要解决腐败问题，这也是解决我们社会矛盾的总的方向。

3.管窥社会腐败中的卖官鬻爵现象

当代社会的腐败现象是多层次的、多领域的、全方位的，其首恶莫过于卖官鬻爵。这个制度在中国历史上早已有之，主要是用卖官鬻爵的收入补充财政收入的不足，这个收入必须是进入国库的，是有严格规定的，清代就有不允许授予实职的规定。而当今社会的卖官全部成为当权者个人牟取私利的行为，这要比历朝历代的国家卖官行为可耻无数倍，虽然不能说卖官者必然全部买官，但买官者得到官位后卖官，这是不争的事实，否则他买官的花费就少了一项补充，最后是大腐败提拔小腐败，小腐败最后成了大腐败，他们结成了腐败利益的共同体。笔者这里所说的卖官买官是事实存在的，但也不能说是全部都这样，只是一种现象的存在，只是数量和机率问题。但它导致正直和清正廉洁的人不能得到提拔和重用，一些宵小之徒凭借花钱得来的权力掌握政府对社会生活进行管理。这些人必然会用手中的权力去牟取更大的私利，去买来更大的权力，从而使得吏治腐败，政府的政权在这些人的把控之下不可能把人民的利益放在心上。

这些腐败分子成天忙着去腐败为自己牟取私利，是不可能把人民的利益放在心上的，当腐败者的利益传导到剥夺人民生存空间的时候，人民首先转而求助于法律。就东方文化的本质来说，人们都知道法律是怎么回事，法律不过是社会矛盾积聚无法解决的一个反映而已，当政府无法对社会矛盾加以解决时，就去立法。如果法律能够解决社会问题，就不会有改朝换代的事情发生了。当法律不能给予人民以公正时，人民又会去转求政府，这就等于是一个受害者去向迫害者求助，有得到帮助的可能吗？退一步说，在中国，道德的力量在我们的生活中起着法律所不可替代的行为规范作用，政府官员首先必须是道德的化身，必须起到教化人民的作用。但是，那些腐败分子有道德来教化人民吗？人民有可能心悦诚服地服从这种腐败的社会管理吗？所以说，中国的腐败卖官是首恶，政府的公信力在买官中丧失殆尽，毫不留存，卖官是带动社会全面腐败的开始。

4.腐败破坏了社会秩序和社会风尚

社会生活应当是和谐有序的、稳定守法的，而腐败是违背信仰、没有道德观、不讲良知、破坏社会秩序的行为。作为当政者，其本身应当是人民行为的楷模。然而，由于其腐败行为的示范作用，整个社会精英行业也跟风腐败，而这些精英人群的权力是和人们日常工作生活息息相关的。由此，人们感觉到了腐败对人民大众的日常生活所造成的普遍压力。人们正常的工作秩序、办事秩序全部被颠覆，比如，教育界的腐败危害到所有家庭，医学界的腐败使病人深受其害。而这些社会中坚力量的腐败都是受政府人员腐败的传导，没有政府的腐败，他们不敢腐败，也不会腐败。这种破坏社会秩序的腐败诱导人们对腐败利益的向往，由此，秩序井然的社会成了无序的社会，全部的社会秩序完全被破坏掉，最后的结果是人人都成了腐败的受害者，无一幸免，可以说，腐败是破坏社会秩序的罪魁祸首。

我国西部某个国家级贫困县的原县委书记因腐败受查处时曾说过："反腐败是隔墙扔砖头，砸住谁，谁倒霉。没想到今天会轮到我的头上。"这句话反映了他本人对当地官场情况的了解，但如果你不腐败，就是扔多少个砖头也不会砸到你。这当然是个有局限性的问题，我们也不可能据此就认为，被砸的和没被砸的都腐败。中国有句古语叫"官清民自安"，说的是官员廉洁奉公的重要性。如今腐败现象的广泛存在，使我们比较良好的社会道德观念全面滑坡。整个社会处于相互坑骗之中，人与人之间毫无诚信可言；欺骗（忽悠）成了社会处事的流行亚准则，能坑就坑，得骗就骗，为达到目的不择手段；人与人的关系首先是建立在不信任的基础上的；我们勤苦劳作的传统美德被抛弃，人们以投机取巧为荣；拜金主义过度泛滥，对金钱贪得无厌，无论多少都不满足；社会生活中再无廉耻可言，已经到了"笑廉不笑贪，笑贫不笑娼"的地步，蝇营狗苟大行其道，正直诚实被视为呆傻，奸诈无赖成为楷模；社会环境已经恶化到连最基本的善行都不能做、也不敢做的程度，对同类的冷酷无情和对生命的漠视无以复加，暴戾恣睢，视生命如草芥，任意剥夺；社会再也没有什么道德可言，没有人去相信和指望道德，道德实际上已经只是一些人挂在嘴边装饰自己的修辞；人们的一切行事是以自我为中心，顺我者昌，逆我者亡；官场上以溜须拍马为荣，职场上卖身投靠、卖友投靠屡见不鲜；尔虞我诈遍布，社会道德观念逐渐沦丧，中华民族传承的良好美德无法张扬，带坏了整个社会的风尚。

5.为什么法律越多社会越腐败

和谐的社会是人人恪守道德、遵纪守法，每个社会成员都按所从事行业的操守来工作，按照社会道德规范来约束自己的行为，做到有信念、有品德、有良知、守法纪，这也是中华传统美德约定俗成的规范。然而，社会腐败现象蔓延，导致整个社会成了全无纪律的社会，腐败分子的心中没有了信念和良知，道德沦丧，漠视法纪，无所不作，无所不为，只要有利可图，就利欲熏心。尽管法律越来越多，但腐败现象却是有增无减，遵守法律只是停留在了口头上，腐败分子在心里根本不拿法律当一回事，从而使整个社会成了一个没有法纪的社会。

为什么法律越多社会越腐败呢？从法律本身来说，法律的出台与制定一般是与社会发展相适应的，一般不会出太大的偏差，是可以解决社会发展中的一般问题的。问题不是出在法律本身上，而是出在部分司法从业人员上。因为法律的增多，需要执行的人员数量也随之增多，权力职位设置增多或是权力范围扩大，这就给一小部分意志不坚定的司法人员以机会，在人民谋求法律帮助的过程中，他们不是用法律伸张正义，维护社会稳定，而是利用其所给予的权力牟取私利，也正是这一小部分人员的腐败行为破坏了法律的公信力，让人民产生了"法律越多，越腐败"的不利认知。

事实上，"腐败"一词，原来和社会现象是没有任何关系的，后来被借用来形容社会现象的腐化和堕落。从大自然的更替规律来说，正是腐败推动了大自然的万象更新。我们看到大自然中，正是那些落下的枯枝败叶的腐败，为各种植物提供了充足的养分，使我们的自然世界生机盎然、姹紫嫣红。腐败是自然的轮回，是旧生命为新生命让路的一种形式。从社会进步的角度来说，没有清王朝的腐败，就不会有中华民国；没有中华民国的腐败，也就不可能有共和国。这种腐败为社会的进步提供了阶梯，社会将在腐败的更新中得到发展和进步，从某种意义上来说，腐败是社会进步的催化剂。它让旧的、过时的、落后的、不符合社会发展的制度尽快地腐烂，让新的、科学的、进步的制度取代它，使社会能更好地发展。腐败不全是过，如果站在历史的高度观察，腐败对推动社会前进是功莫大焉，否则，我们今天的社会就不会是共和国，而是秦N世吧？

（二）关于反腐败

1.反腐败市场化的本质

所谓的反腐败市场化，就是国家制定和发布举报奖励条例。这个条例的主要内容是，对公民举报腐败分子的范围、渠道和保密责任，对举报人的提成奖励比例，作出具体详细的法律规定，让举报人在反腐败中获得经济利益。这是因为无论我们要做什么事情，都必须有一批人真心实意地去参与才能达到目的，如果能够以经济利益促使所有的腐败知情者起来反腐败，形成一个与腐败相抗衡的反腐败力量，从而动员起每个公民参与反腐败，这样就可以大大推动反腐败进程。这个奖励也可以涵盖其他的一些行业，如交通行业、食品药品、工业领域工矿企业的事故瞒报、扫黄打非、工程质量、招标投标、黄赌毒黑等等。凡是腐败现象多发行业，都要引入经济机制，这是为中国反腐败历史所证明的，是行之有效的。汉代曾用这个办法筹措军费；在秦代，如果你养两头猪，就收你财产税，如果你不交，让邻居举报了，那么，一头猪归国家，另一头就给你的邻居，所以你也不敢不向国家交税，你不交的后果可能是全部的损失风险。因为国家不可能有具体的力量对所有的人进行监督，但任何人的违法行为又不可能不为人所知，这样就增加了他们违法的成本和风险性，从而降低腐败分子的腐败犯罪频率。从人性的角度来分析，我们的社会是人情化的社会，必须用经济手段去撕开这种人情化的虚伪的面纱，以反腐败的经济对付腐败的经济，这是一定有成效的，这就是市场化反腐败的本质。

2.再谈腐败治理与权力制衡

政府工作人员为什么能腐败，为什么敢腐败，是他们手里的权力太大了吗？作为政府部门的工作人员，当然要有公共权力，可为什么有些人敢用公共权力牟取私利呢？从根本上来说，是因为对政府人员权力的制衡不够。这里所说的"不够"，不是没有制衡，而是制衡上表现出来的软、散、弱、不够强大，形不成对政府工作人员权力的有效制衡。从现在的情况来看，一些腐败分子之所以受到查处，有很多偶然性，而不是必然性，是"一不小心翻了船"。一般而言，比较成熟的是党派之间的制衡，而从中国的政治传统上来看，其实践性并不好，我们最后要走的出路在于人民对权力的制衡，使人民的权力真正组织化。这样下来，不要说你不腐败，就是不勤政都不行，使政府的行政行为和鱼缸里的金鱼一样透明。比如，在我们的日常生活中，我们为什么和有的人成了朋友，有的却不能，这就是信任度的问题，我们在心里对每个人的判断是有个基本面的。我们也并不是不知道谁在搞腐败，而是没有有效的力量去阻遏。人民权力的具体化，逐步形成了人民的自我管理和自我约束，降低了政府管理的行政成本，从而使由政府行政行为或腐败分子腐败行为激化的社会矛盾达到去零化。

3.财产普查对于反腐败的重要性

目前的反腐败之所以不尽如人意，主要是我们的反腐败太被动了。现在，只有变被动反腐败为主动反腐败，才可能解决腐败问题。比如，政府要求官员公布自己的财产和重大事项报告。如果是非法财产敢公布吗？那些违法违规的活动事项能报告吗？有的官员提出了质疑，为什么要公布我们的财产，就只有我们腐败有非法财富吗？我们能说他的质疑没有道理吗？一个腐败者收了百万的贿赂，那个行贿的人就会有千万的非法、合法、半合法所得，否则是不可能的。只有对全体国民的财富全面普查，才能让人无话可说。这只是个推进性的工作，不仅能有效地打击腐败，而且那些从事非常行业的也能得到全面治理。我们这里反腐败，那里打黑，手忙脚乱地处理问题，有这个必要吗？笔者认为，只要制定和颁布"公民财产普查条例"就足够了。无论是腐败，还是什么非常活动，都只不过是为了钱，只要抓住了这一条，就知道你是不是腐败和违法犯罪了。不全面普查财产，政府查处再多腐败分子、打击再多黑恶势力也没有用。有民谣说：大贪作报告，二贪吓一跳，抓个小贪去劳教。现在只有通过财产普查，才能全面惩治腐败，彻底地铲除我们社会生活中的黑恶势力与非法经济，使得社会风清气正。那些一心为党、为国、为民的清正廉洁奉公的人得到提拔，维护社会生活的和谐和稳定，也让人心服口服，重塑政府形象，以挽回人民对政府的信任，一次性地解决腐败问题和其他由经济犯罪带来的相关社会问题。这是开展国民财产普查的意义和重要性所在。

4.解决不好腐败问题是中国革命的一大失败

我们一般把通过暴力取得政权的行为称为革命，这种革命在世界发展史上已经发生过多次了。就革命的本质来说，就是用暴力推翻一个旧的政权，建立起一个符合社会发展潮流的、合理的新政权。中国历史上出现过无数的英雄豪杰，为了建立一个新的、公平的世界，进行过无数次的奋斗，为其流血牺牲也在所不惜，但最终也没有走出因政权腐败问题而形成的兴亡怪圈。这些英雄，我们可以说他们只是时势英雄，因此其政权最终未能逃脱因腐败而灭亡的命运。现在，我们的政府内也出现了腐败现象，这些腐败行为与历史上的腐败如出一辙，其本质并没有什么区别。如果我们也同历史上的政权一样不能铲除腐败的话，这就意味着中国人民为之奋斗的革命是不成功的，也可以说是失败的。毛泽东曾说过，夺取全国的胜利只是万里长征走完了第一步。这句话一直被人称为最谦虚的一句话，现在看来并不是什么谦虚，而是事实。如果不能有效地铲除腐败，过去的万里长征就等于白走，今天的革命也只是历史的重复，并没有实际意义。所以，我们必须从根本上解决腐败问题，使我们的社会再也不能因政府的腐败而倒退。

5.民主党派和人民不能监督政府腐败的原因

监督，分为民主党派监督和人民监督。民主党派的监督，如果是让骆驼去监督大象，在力量不平衡的情况下，是不可能起到监督作用的。人民的监督权是写入宪法了的，可是为什么现在的人民没有办法监督腐败呢？这是因为，人民是个整体概念。如果从全体人民的角度来说，监督腐败如同泰山压死个蚂蚁，是绝对没有问题的，可是具体到个人起监督作用的时候，就成了一个个体的人去搬一座山了。目前，人民并没有形成自己的有效组织，人民监督的反腐败成了个体和组织的对抗。所以，最终解决腐败问题的途径是完成这个组织和人民的融合，把这个组织的决定权交还给人民，由人民对这个组织实行真正的管理，形成人民组织的力量去解决腐败问题，完成对政府的全面监管。只有这样，才能消除腐败的环境和土壤，最终实现政府由统治人民的心理向服务人民的心理的转变，否则是没有办法从根本上解决腐败问题的。

6.当前的民主下法制能解决腐败吗

一般都认为，"民主"这个词来自西方，实际上在我们的诸子百家里早就有民主的思想和具体的表达。但在若干年里，中国的政权形式没有给人民以实现民主的社会环境。就法制来说，人们比较注意的是人治与法制，以为中国一直是个人治的社会，这是不够全面的。从本质上来说，法制也是人治。法制不过是人治的一种表现形式，它必须由三个要素组成，一是定法，二是守法，三是对违法者的制裁，三者缺一不可。显然，我们并不具备这样的社会环境。现在，人们寄希望于通过民主与法制来解决中国的腐败问题。这里要说明的是，中国官场腐败已经有几千年历史了，而西方的民主与法制才几百年。中国文化与西方文化有本质的不同，单纯的移植也不见得就能解决问题。晏子说，橘生长在淮河以南就是橘，生长在淮河以北就叫枳，尽管叶子相似，但其果实的味道却不同。之所以这样，主要是因为水土条件不相同，这可能就和今天我们想要移植民主与法制相类似。

7.中国反腐败的特殊性与创新发展毛泽东反腐败思想的意义

对于我们来说，中国解决腐败问题有其特殊性，这就是要从解决公务人员的腐败问题入手。这只能从人民代表的普选开始。人民代表有自己的代表小组，组有组长，若干个组有自己的代表，所有的选民都在起着监督作用。以信访为例，在中国，局级有信访处，处级有信访科，信访不断，为什么？就是因为当地的官员不按政府政策办事，如果建立人民代表普选机制，一旦出现官员侵害人民的利益，就不用去找政府上访了，直接由选民反映给人民代表，如情况属实，直接罢免，也就不会有那么多的反复上访仍不能解决的问题了，腐败分子也就不敢那么为所欲为了。

中国历史上对腐败治理得比较好的时期，是新中国成立初期的三十年。这是中国历史上首次开展人民监督政府的伟大实践，在中国历史上是史无前例的和绝无仅有的，它标志着中国历史政权由必然腐败到必然治理的开始，而且代价是最小的。这与毛泽东的反腐败思想是分不开的。毛泽东的反腐败思想，可以归纳为三个主要思想：一是人民民主监督，二是强大组织保证，三是对干部队伍的严格管理。毛泽东从这三个方面入手，有效地解决了政权的腐败问题，这一点是任何人无法否认的，已被实践证明是成功的。我们必须创新和发展毛泽东的反腐败思想，用以解决腐败问题。创新和发展毛泽东的反腐败思想，用以指导反腐败工作的实践，同时借鉴世界历史中反腐败的成功经验，使我们的国家早日走出腐败的泥潭。

8.进一步推进行政机制改革有助于反腐败

摘录一组数据：从1978年到2003年，我国预算内财政支出增加22倍，而行政管理费支出却增加88倍多。我国公务和行政开支占全国总支出的比例是美国的3倍、西欧的6倍、日本的19倍，其中公款吃喝、公款出国、公车消费支出就达9 000亿元。[1]所以，我们应学习发达国家的做法，国家财政预算必须细化并公布财政预算明细表，并通过网络、报纸等媒体向全体国民公布，使全体国民有机会监督我国公务和行政开支大量存在的公款吃喝、公款出国、公车消费等腐败现象，全体国民有权监督我国财政预算支出是否合理、是否存在大量浪费现象。自2005年中国纳入《福布斯》全球税负痛苦指数评选体系以来，其排名一直高居世界前三名，都超过北欧高福利国家了，但纳税人的社会福利却远远低于中等发达国家水平。所以，政府应该花大力气减少吃财政饭的人数（包括财政供养的事业单位人员），只有这样，中国的税负才有可能达到一个合理的水平，人民才能安居乐业。从这一点来说，精简行政机构和行政人员，也是对反腐败工作的一个有力推进。

9.腐败治理的预期与前景

市场经济下是按照个人的能力获取财富的，这个能力包括个人的学历、能力、知识结构、社会基础、社会资源的掌握等等。这是一种合理、合法、符合社会规则的、正常的社会牟利行为。而政府的工作人员将公共权力当作私权，错将这种公共权力的能力

---

[1] 资料来源：http://www.chinareform.org.cn/gov/service/Forward/201007/t20100709_33551.htm

化为个体的私权能力去牟取私利。这种获取财富的能力并不是其本身的能力，而是在公共权力私有化影响下的行为。当他们运用公共权力的强大资源为个人牟取不当得利的行为不能被有效制约时，就必然产生腐败现象，这也就形成了腐败的必然性。但是，世界上的事情都是在发现问题、解决问题中前进的，没有解决不了的问题，人们会通过各种方式方法去探索解决问题的途径，如法律的、经济的、政治的、战争的，不一而足，所以，腐败现象也是能够解决的，而且是必须解决的，并且也有得到很好解决的先例，这符合事物发展的本质规律。其实，腐败也并不可怕，人民在反腐败的过程中也会对腐败的成因、规律作出探索和分析，更深刻地认识腐败现象给社会发展带来的危害，进一步采取新的反腐败措施来治理腐败，从而消除社会中的腐败现象，因此，反腐败是一定能够胜利的，也是可以预期的。

　　有人认为，反腐败必须做好打持久战的思想准备，不能急于求成，不能期望速战速决。其实，他们对于权力集中部门和岗位腐败案件依然多发、资金密集领域和行业的商业贿赂和内幕交易现象、监管薄弱领域的违法乱纪问题看得也是很清楚的。但是，他们认为，我国还处于社会主义初级阶段，处于经济体制变革、社会结构变动、利益格局调整、思想观念变化的历史时期，各方面政策法规、体制机制还不健全和完善，滋生腐败的土壤仍然存在，并据此认定腐败现象在短期内难以治理。这种观点貌似正确，实际是错误的，如果以此指导反腐败必将会误导反腐败工作。为什么短期不能治理，什么是中长期治理呢？中长期是多少年？五年，五十年，还是一百年？社会主义初级阶段就必然腐败吗？如果腐败问题不能解决，我们拿什么让社会主义步入高级阶段呢？经济体制变革、社会结构变动、利益格局调整、思想观念变化、政策法规不健全不完善，都不应当成为腐败存在的理由，更不能成为不能治理腐败的借口。从社会发展来看，滋生腐败的土壤在任何时候都是存在的。这和治理腐败没有什么因果关系。腐败的根源和症结已经找到，如果一直得不到有效治理，只能说明解决问题的方式和方法不对，必须在方式方法上找原因，而不能就此断定腐败问题在短期内难以治理。

在和一位专业的反腐败人士谈起用三年时间解决腐败问题的时候，对方惊讶地说：那能办到吗？笔者以为，世界上的事，只有想不到，没有做不到，做不到是因为方式方法不对。人们之所以不敢想在三年内解决腐败问题，主要是看到腐败问题太严重了，觉得不可能在三年内解决腐败问题。三国时期，魏能灭蜀很大程度上取决于邓艾和钟会的胆略。腐败分子不可能有诸葛亮的智慧，即使有，在刘琦的抽梯之后也无计可用。财产普查，就是给腐败分子和一切非法收入的抽梯之策。在不敢想的前题下，就束缚了人的思维，看不到反腐败的前景，也就想不出具体的策略。如果我们有了三年内解决腐败问题的定位，自然就可以想出办法了。以目前政府的执政能力来看，我们完全可以用三年时间来完成财产普查。即使三年内有些遗留问题，也是少之又少，所以，只要我们用三年时间能够完成财产普查的工作任务，也就完成了反腐败和打击黄赌毒黑和经济领域违法犯罪的任务。这个是完全可以办到的，主要是有没有这个决心而已。通过财产普查，打击社会上的非法收入，让那些腐败分子一没了权二没了钱，失去了作恶的社会基础，我们治理腐败和打击犯罪的目标就达到了。

总而言之，一个国家无论多么富有，如果不能铲除社会中的腐败现象，其社会生活就不能稳定和谐，生活在一个腐败充斥的社会里，人民是不会有幸福感的。惩处腐败，是国家意志的体现，如果做不到这一点，腐败所衍生出来的罪恶，会越滚越大，直接威胁社会政治和经济生活的稳定，这已为无数事实案例所证明。因此，持续地打击社会上各种腐败现象是绝不能动摇的。只要我们启动市场之手给予反腐败者具体的经济利益，通过全面的财产普查，我们是可以达到阶段性反腐败目标的。但我们也应当清醒地认识到：腐败将会在我们的生活中长期存在，治理也是一个长期的任务。在社会发展的进程中，出现腐败是必然的，一定要坚决克服反腐败工作中的简单化、麻木化和悲观主义思想，增强信心，提高勇气。我们不是在反腐败中胜利，就是在腐败中腐朽。现在，能否治理腐败已成为检验党和政府的执政能力的一把尺子。反腐败工作任重道远，我们一定要在党的坚强领导下，全面推进行政机制改革，进一步提高全民族的道德水准，完善法制，加强制度建设，强化对广大干部的教育和监督，加大打击惩治腐败力度。通过坚持不懈的努力，就一定能铲除社会上存在的腐败现象，反腐倡廉的目标一定能够实现。中国人民一定能生活在一个没有腐败、和谐稳定幸福的社会环境中，这是毋庸置疑的。

中篇　另一种腐败——两极分化

世界上最主要的矛盾，是财富的矛盾。一切问题的总和，也就是财富问题的总和，无论是政治上的，还是军事上的，都是财富矛盾问题总和的具体反映。财富问题，在任何时期、任何国家都是最主要的问题。经过三十几年的改革开放，我们国家已经以崭新的面貌屹立于世界民族之林。无论从哪方面来说，我们的成就都是巨大的，大部分人民的生活正在逐步走向安康，这是有目共睹的事实，我们为这些成就的取得感到骄傲和自豪。当然，和其他国家一样，我们的国家在走向繁荣富强的过程中，也必然会出现一些具体的、亟待解决的问题。这是不可避免的，也是无可厚非的。比如，现在人们比较关注的两极分化问题。这个问题，在任何国家都是个大问题，也是必须面对和需要花大力气去解决的问题。在此，我们就这个问题作一点简单的理论探讨，意在通过一些理性的分析，能使这个问题得到有效解决，让全体人民共享社会发展成果，达到共同富裕的目标，消除由于社会财富的过度分化对社会稳定的影响和经济发展的阻碍。

一、两极分化概述

（一）两极分化的概念和判断标准

两极，是个地理概念，指的是地球的两端，即南极和北极。基于常识，从南极到北极，是地球最远的距离。两极的本义和财富并没有什么联系，用到对财富的比喻是属于借用性质，意为距离非常远、差别非常大。

当人们的社会财富占有出现巨大不平等的时候，人们为了形象地形容这种现象，就使用了两极这个地理概念，把所出现的这种不能忍受的财富差别称为两极分化，这是非常形象、准确、易于理解和接受的。两极从专业的技术形态完成了向社会学形态的转换，成为人们对财富现象的专业表述。

判断两极分化的标准是什么呢？有的人认为，中国目前不存在两极分化，而即使存在也没那么严重。至于贫富不均到什么程度才能定性为两极分化，也不是那么容易解释的问题。但有一点是可以认定的，一部分人极端贫困，一部分人又极端富有，单就这两部分人来看，可以说他们是存在两极分化的。在这里必须阐明的一个观点是，一个一文不名的人，和一个拥有百万财富的人，他们的财富差别是100万，他们是构成两极分化的。而一个百万富翁和一个千万富翁比较起来，他们的财富差距为900万，我们就不能说他们是两极分化，这是因为他们都是富人，只不过是富裕的程度不同而已。搞清楚这点，对我们判断两极分化很有必要。我们可以说，判断两极分化的标准不在于富人与富人所拥有的财富数量差距，而在于穷人与富人的财富差距。

（二）市场经济条件下财富两极分化是必然现象

在市场经济条件下，拥有财富的多少，是衡量一个人成功与否的重要标志之一。对于绝大多数人来说，获取经济利益的主要途径是工作收入与投资（这里并不排斥其他方式的获利途径）。以投资为例，所有的投资都会具有一定的风险性。有研究表明，每10个投资人当中，只有2个会是成功者，其他8人处于亏损或保本当中，一般的投资成功者都要经历两次以上的投资失败才可能成功，一次投资成功的例子是很少见的。这些投资者一开始就面对着巨大的投资风险和压力，他们在投资成功后获取的利润是正当而无可指责的。而随着投资成功者的财富的逐步积累，就会不可避免地产生两极分化，这是市场经济发展中的必然现象，不足为奇。

市场经济条件下，两极分化是必然现象，但社会财富的两极分化也必须要有其前提条件，否则这个社会就会因财富的分化而产生动荡。这个条件的基础就是，富人的财富必须是合法的财富，不能是靠非法手段掠夺的。在此基础上，富人可以富有，穷人也可以贫穷，但穷人必须具备最基本的生活条件，要有房屋可供居住，结得起婚，生得起孩子，上得起学，有工作可做，看得起病，死后能安葬得起。也就是说，穷人与富人相比，应是相对的贫穷，而不是绝对的贫困。两极分化不能达到社会不能和谐共处的程度，如果有的人连自行车都用不起，而有的人却开宝马的话，这个社会是不可能和谐的。穷人的收入必须保证他们能够有尊严地生活在这个社会中，不会因为经济条件而受到社会的歧视，并且在社会资源的利用中和富人处于平等的地位，给他们以和富人均等的发展机会。这是社会两极分化的前提和必备条件，然而目前我们社会财富的两极分化是不具备这些最基本条件的。

（三）阶级斗争学说来自于对两极分化的思考

马克思主义学说的重要组成部分，是阶级斗争。马克思的《资本论》揭示了阶级产生的原因，也就是资本家剥削工人的秘密。这首先来自于马克思对两极分化的观察，如果没有由两极分化所产生的社会矛盾，也就不可能有马克思主义的阶级斗争学说。财富的两极分化导致穷人没有了必要的生存条件，不斗争的话，穷人就没有生存的空间。从这一点上来说，是由两极分化产生的阶级矛盾催生了马克思主义的阶级斗争学说。但从近些年来看，西方再也没有发生过大规模因财富两极分化而造成的社会动乱从而导致的社会倒退。这是因为，他们的政府逐步认识到，如果两极分化到穷人没有生存空间的话，社会就不可能稳定，没有稳定的社会发展环境，经济发展也就不可避免地受到损害。所以，他们大力采取"劫富济贫"的措施，让穷人的生活得到基本的或充分的保障，虽然也有罢工的报道，但几乎没有了穷人由于失去生存空间而导致大规模动乱的消息。就连资产阶级经济学家也称，他们非常感谢马克思，是马克思指出了资本主义社会制度的致命缺陷，他们竭力修补马克思所指出的资本主义社会制度的漏洞，使这艘资本主义的航船能够继续航行。所以，中国特色的社会主义在社会发展的前进道路上，更要吸取资本主义以往由于财富过度两极分化而引发社会矛盾的历史教训，让我们的国家能够又好又快地向前发展。

二、从经济学角度看两极分化

（一）初次分配

分配有两种形式，即初次分配与再分配。从理论上说，个人收入的初次分配是在微观领域进行的,是靠市场来实现的。我们每个参与者,都是以劳动者或生产要素所有者的身份来参与社会财富的分配。从理论上说,这并没有错。但从历史来看,中国的市场经济是从没有市场起步的,是政府主导下的市场经济。这种经济要过渡到市场经济,就需要一个相当长的历史过程,这必然导致初次分配的不公平性。例如,同样是工作,农民工不如工人,工人不如干部。由于大多数人在政府主导下的市场经济中处于弱势地位,他们的收入没有办法按市场价值规律实现,不是被强化,就是被弱化。同样的工作付出,收入却相差数倍。在现有的经济体制下,初次分配的市场化得不到充分的体现,还不能按市场规律给予充分分配,这种初次分配的不公平人为地拉大了社会财富的距离。

(二)再分配

社会发展到一定阶段,再分配是调整社会财富的必然手段。有资料表明,我国政府掌握的个人经济收入信息只有40%,这只是表现在账面上的可控能征税的(社会中大量灰色非法收入不在其中),而其余的60%不为政府所掌握。在初次分配中,政府无法让市场机制起主导作用。当然,这也是搞市场经济的初衷。但是,现在我们还没有办法解决非市场力量对分配的干预,更不能对初次分配中的官场经济部分和非法部分进行调节。由于政府运行成本过高,能够用于再分配的支出不足,所谓的"初次分配重效率,再次分配重公平"就成了一句空话,再加上腐败现象的存在,再分配不能达到普惠或普惠过低,从而无法达到通过社会财富再分配的手段让社会稳定的目的,只会进一步拉大收入分化的两极。

(三)按劳分配

从理论上来说,按劳分配是按劳动者所提供的劳动数量和劳动质量进行分配,也就是按劳动贡献实行分配。这是获得收入分配方式的一种，也是促进和提高劳动效率的有效手段。但由于我们的市场经济不完善，物价的扭曲（如农产品）和从业人员的弱势，导致了劳动与分配的严重不对称。人们的收入表面上看是按劳分配，实际上他们的劳动贡献并不能在分配收入上得到具体的体现，他们的劳动受到权力的掩盖，所谓的按劳分配也只能在社会劳动的极小范围内有所反映。

（四）按生产要素分配

按生产要素分配，是市场经济的必然要求，也是有效利用资源和提高资源配置效率的有效途径。这种按照资本、土地、劳动等各种生产要素在生产过程中的贡献所进行的分配，也是理所应当的。问题的本身，出在生产要素的获取上。由于政策信息、地域差别、教育水平、公权腐败等因素的存在，人们在生产要素的获取上处于极不平等的地位上，如一些人通过权力获取了大量的资本（对国有资产的侵吞），另一些人通过非法或潜规则获得了生产要素（资本市场对民众财富的掠夺）。这些都不是生产要素的自然流动，这种在强权操纵下的流动造成了按生产要素分配的不公平性，增加了强势群体的生产要素构成。这谈不上什么配置的合理和最优，与提高资源的配置效率也没有任何关系，形成了按生产要素分配的不合理性，这种不合理性的存在，将在更大程度上放大收益的不合理性。

（五）效率与公平

社会追求的两大目标，是效率与公平。效率关系到经济的增长，公平关系到社会的稳定。这里首先要解决的是何为真实的效率，必须保证效率的公平性，才可能有社会的公平。常规情况下，效率指的是单位时间内实际完成的工作量。这只是狭义的效率，而不是广义的社会效率。但广义的社会效率是由狭义的工作效率积累的，没有狭义的工作效率，也就没有广义的社会效率。在单位时间内，同等条件下工作效率的差别所带来的收入差别，是可以被人们所接受的，这也符合市场经济规则。但在效率不变的情况下，人为地拉大这种收入差别，人们就会质疑效率的公平性，从而缺乏可比性。在具有可比性的情况下，由效率产生的收入分配差别才是真实的，也才能真正达到公平的目的。

从分配原则上来说，"效率优先，兼顾公平"是正确的社会发展途径。只有保证人们从社会生活中体验到效率的公平性，才能使其认可社会的公平性。权力的自肥和官场的自我繁殖，使微观领域的按劳分配和按生产要素分配得不到真实的反映，也就没有办法达到社会公平的目的。人们不承认也无法承认这些效率的合法性。人们不再向往通过提高生产效率、发展生产力以增加分配，而是不择手段地以各种方法直接掠夺资本，社会道德已无底线可言，并且欲壑难填，这就更进一步加深了社会的危害性，破坏了社会的公平。如果不能实现这种社会环境中的效率公平，其社会公平也必然是虚假的公平。

三、我国的两极分化问题

（一）我国存在两极分化吗

对于我国是否存在两极分化的问题，不能简单地说存在或不存在，要靠事实说话。基尼系数是国际上常用的一种测量收入差距的指标，其数值在0—1之间，数值越高，收入分配的不均等程度越高。按照国际通常标准，基尼系数在0.3以下为最佳的平均状态，在0.3—0.4之间为正常状态，超过0.4为警戒状态，达到0.6则属于危险状态。从我国人民收入来看，基尼系数越过警戒线已是不争的事实。据国家统计局的数据显示，自2000年开始，我国的基尼系数已越过0.4的警戒线，并逐年上升。1978年我国基尼系数为0.317，2006年则升至0.496，这意味着中国社会的贫富差距已突破了合理的限度。统计显示，总人口中20%的最低收入人口所占的收入份额仅为4.7%，而总人口中20%的最高收入人口占总收入的份额高达50%。这些数据，足以说明我们所存在的两极分化情况。[1]中国目前的个人储蓄额为20万亿左右，这个数量是动态的，这些财富的80%即16万亿为20%的家庭所有，其中20%的4万亿为80%家庭所有。以中国家庭平均人口数量为3—4人为准，约为4亿个家庭，其中8 000万个家庭的财富所有量是16万亿，而3.2亿个家庭所拥有的财富为4万亿，财富差距如此之大。这里需要指出的是，大量的无业人员、低保户、弱势群体、农民、在中小企业或非垄断国有企业就业的广大职工、购房者、大病家庭、家庭供子女求学者，其储蓄很少或无储蓄，甚至负债。另据世界银行研究显示，中国1%的家庭掌握中国41.4%的财富，如果不以其固定资产而以储蓄额计算的话，这1%的家庭其财富所有量为8万亿—9万亿元。这几乎是不可思议的，在美国，其国民财富的60%掌握在5%的人口手里。[2]从这一点上来说，中国的财富集中程度大大超过了美国。这里要说明的是，美国是经历了200年的时间其财富才达到这个集中程度的，其富人的财富是为社会所认同的合法财富，而中国仅仅经过了30年的时间，社会财富就达到了这样的集中度，着实有些不可思议。

（二）我国两极分化的成因

1.腐败与非法致富

中国产生两极分化的首要原因，在于腐败。我们看到，在我们

---

[1]资料来源：http://www.chinanews.com/gn/news/2009/05-18/1695991.shtml

[2]资料来源：http://chinese.people.com.cn/GB/11822533.html

的社会生活中，一些拥有决策权、审批权、财权和物权的党政干部，他们买官卖官，贪污受贿，几乎插手所有的社会生活领域和经济领域，大肆敛财，迅速暴富。仅以安排了我国90%以上就业人口的千万个中小企业为例，他们每年要拿出销售额的10%用于应付各级部门的腐败，否则其下场就是出局。同样是购房，凡是利用职权所购买的商品房产，比普通百姓的商品房产要便宜几十万、百万，甚至更多。仅此差价，是一个普通百姓一生辛劳所不能的，更不要说他们利用职务之便获取的其他非正常财富了。如果要对两极分化追根溯源的话，可以说，干部队伍中腐败分子的腐败所得是中国产生两极分化的首要成因。

根据《全国地方党政部门、国家机关公职人员薪酬和家庭财产调查报告》披露：地厅级以上官员已形成官僚特权阶层，其年收入是当地城市人均收入的8—25倍，是当地农民年均收入的25—85倍。131万中国县、团级以上官员及其家属占有全民财富的80%，1996—2003年外逃资金流入境外的中高级官员及其家属帐户高达22 000亿人民币。至2010年6月底，全国个人储蓄存款达75 200亿元，其中县、团、处级以上官员（包括离退休）及其家属的个人储蓄高于40 000亿元。中国资改以来，到1999年全国每年的"储蓄增加额"都相当高，等于"工资总额"的 80%—90%，在1995年"居民储蓄增加额"居然比该年的"工资总额"多出了44亿元，2002年工资总额大约是1.2万亿，而居民储蓄却增长了1.5万亿。"新增居民储蓄"超出了"工资总额"3 000亿元。这就是说，当年发出的工资，不仅没有被拿工资的人吃掉用掉一分钱，全部存进银行之外，还不知从何处增生了3 000亿元（约相当于一年的全国教育总经费）也存进了银行。这种全世界罕见的怪事，只能有一种解释：财富被以非工资方式集中在少数先富者手中了。因为中国公众除工薪之外极难有其他收入，只有权商精英和贪官污吏才有非法收入。所以，全国的权商精英和贪官污吏在加速贪钱，使全国银行的个人存款总额年年大大超过了全国工资总额。

中国股市证券市场中的60 000亿元，干部及其家属占了45 000亿元，**高达75%**。10多年来，中国7 000万股民投入股市的30 000亿现金，还剩10 000亿，其余20 000亿巨资已被官商联盟所侵夺和消耗。2007年深圳市城市人均年收入是32 650元，地厅级以上官员财产在700万—1 200万。这些官员的平均财产相当于一个普通市民250—300年的工资总和。[1]

据《远东经济评论》2010年第4期报道：至2010年3月底，内地私人拥有财产（不包括在境外、外国的财产）超过1亿元的有3 220人。其中，有2 932人（超过90%）是高干官员子女，他们拥有资产达20 450余亿元，平均每人6.7亿元。2 932人中，广东1 566人，浙江462人，上海225人，北京195人，江苏172人，山东141人，福建92人，辽宁79人。截至2005年底，仅海外高干官员子女亲属经营的中国进出口贸易每年就达1 000多亿美元，拥有财产6 000亿美元以上，海外定居的高干官员亲属超过100万，其中高干官员配偶子女20多万人。

2. 黄赌毒黑

尽管国家一直在扫除和打击黄赌毒黑，但除了毒品外，黄赌和黑恶势力在腐败分子的保护下仍在不断蔓延，获取了巨额暴利，重庆黄赌毒黑的案例只是一个缩影，这不只是在重庆存在的个别孤立的社会现象，而是在全国范围内存在着的一个靠非法手段致富的庞大群体。其势力早已扩展到采矿业、物流业、交通运输、集市贸易、地产及其他实业领域，这些犯罪分子靠非法收入成为了富豪，这些人不满足于获取经济利益，而是向政治领域渗透，以便在政治保护下获取更大的经济利益。这些非法财富，成为两

---

[1] 资料来源：http://club.china.com/data/thread/1011/2730/73/88/9_1.html

极分化的第二个成因。

3. 不同行业的收入差距

据相关部门统计，中国平均工资较高的行业有证券、金融、航空、电力、电信、石油、保险、烟草等行业。他们的工资水平是全国职工平均工资水平的3—6倍不等。这个全国平均工资水平，是指把年收入几十万、几百万、上千万的高收入者的工资也平均在内，而绝不是大多数行业和在国企中绝大多数挣1000多元工资的职工工资的平均数。这些行业的从业人员是全国职工总数的不足10%，工资收入却占了全国职工工资总额的50%左右。持续20年的不同行业的工资收入差距，形成了不同行业收入上的两极分化，这个分化也可能不是来自于这些行业的工资收入高，而是来自于那些低收入者所从事的行业给予他们的报酬少，这就形成了同等劳动形态下的由于从事行业不同而导致的收入差别的两极分化。

4. 同行业间的收入差距

如果说不同行业收入有所差距的话，这可能有些行业不同的因素。但同样是供职于国有企业，管理层与普通职工的收入差距也非常大，普通职工的月平均工资也就1000多元，一年也就一两万多元的收入，而管理层的年收入是数十万、数百万，有的甚至达千万之巨，是一般职工工资收入的十倍、百倍，个别的甚至高达上千倍。这还不包括他们的灰色收入，其灰色收入往往远远高于他们的工资收入。这种显性收入和隐性收入的差距，就形成了同行业或同企业的收入的两极分化。这也是两极分化的一个重要方面。

5. 其他几种情况

自从国家允许发展个体民营经济以来，经过三十几年的发展，我国的非国有制企业已经占到企业的95%以上，这些私营企业在给社会经济发展做出贡献的同时，无疑本身也积累了一定的财富,尽管财富数量不尽相等,但相对大多数人来说,这个群体已成为两极分化中富裕一方的一部分。还有一些从事其他行业的致富者,诸如演艺明星、知名运动员、专利发明者、著书立说者等等,对于这些人来说,他们的财富来源是合法的,但由此形成的两极分化也是客观存在的事实。

(三)我国不能两极分化的因素

1.思想行为特征

中国人"等富贵,均贫贱"的观念从来都是深入人心的,中国几千年来的英雄豪杰无不为此奋斗不息。在中国历史上,两极分化造成社会动荡直至推翻政权的事例比比皆是。从中国人的思想特征来看,中国人的平等观念极其强烈,"不患不富,唯患不均"的思想是根深蒂固的。在这一点上,大到权力继承,小到家庭纠纷,矛盾激化屡见不鲜。打个比方说,如果一份财富是100元,10人分配这个财富,人均10元,就不会出现任何问题;如果一份财富增加到了1000元,同样是这10个人分配这些财富,第二份分到90元的,相对于第一份分到10元的来说,从数量上对比是多了80元,但即便是多了80元对于国人来说也绝对不行。财富再少,只要平均分配,就是和谐的;财富再多,如不能平均分配,也不能和谐,这是国人对财富认识的思想特征。

中国人从来都是把人分成三六九等的,比如:早些年把外出寻找生计的农民称为"盲流",现在叫作"农民工"(这也算是个进步);把煤矿工人叫"煤黑子";称产业工人为"穷工人";习惯于把教师称为"教书匠",现如今由于教师工资待遇的提高才没有了这一称谓;现在又有了"弱势群体"的称谓,而且这个称谓的群体正在逐步扩大,这主要是由于经济差别所致。在中国,富贵从来都是相联的,富就是贵,贵就是富。富人对穷人的打压心理是天然的，在中国的历史上，富贵阶层从来都是把人民当作奴隶来看待的，视人民如草芥，无论他们怎样口吐莲花，这点从来就没有改变过，也不可能改变。在中国，贫困就意味着一无所有，不管是法律上的，还是社会机会上的，所谓的公平只是理论上的东西。这种根植在心里的等级是致命的，这些差别只有通过拉近财富距离而缩小。如果不能解决两极分化而放任发展的话，这些经济的不平等必将导致一切的不平等，在没有补偿机制的情况下，缺欠转换通道，只会加深社会矛盾的积累。

日常生活中，我们常常会遇到所谓的"有钱有势"、"仗势欺人"之人，这些人往往是利用其金钱上的势力压迫和剥夺弱势群体的正当权益。比如，一个参加过中国革命的老军人，他打过日本人，打过国民党，打过美国人，却打不过前来拆迁的暴徒。这一点和西方不同，西方社会有钱人用金钱的势力去欺凌穷人的事并不多见。这是中国富人和外国富人在行为上的不同特征，如果没有两极分化，就不会出现这种社会现象。这些行为特征，构成了中国两极分化的一个不是因素的因素。

2.人口素质问题

我国有13亿多人口，残疾人就有8 000万，每十几个人中就有一个残疾人，还有大量的文盲和半文盲。拐卖妇女这一现象的存在，就体现了我们人口的低素质，还有那些从学校出来的学生，有相当一部分是拿着毕业证的文盲，这是由于我们的教育水平落后所导致的。真正高素质的国民人口只占我们人口的一小部分。如果任其两极分化的话，富人财富的积累将导致这些人失去生存的基础。整体国民素质的提高，必须依赖于教育，我们的学校越来越多，学费也越来越贵，但出来的学生很多是有文凭没水平，成了半成品或废品。面对这样的人口素质，中国绝对不能走两极分化的路子，即使富人的财富来源完全合法也不行，更不用说非法财富和腐败收入横行了。

3.保障机制问题

我们的社会保障机制是近些年才建立起来的，所以保障力度还有待提升。我们在失业、就医、上学等各方面的保障都非常低，没有办法满足人们的生存需求，这是因为我们的人口基数大，国家的财力在相当长的历史时期还没有能力向国民提供发达国家的保障水平。西方社会的两极分化，是建立在全面良好的保障机制上的，他们的所有国民几乎全进了社会保障机制的保险箱，而我们国家的应保尽保机制对整个国民来说是杯水车薪，再加上腐败现象的大量存在，他们过手分肥，层层盘剥克扣，国家给予的好处到了下层已所剩无几或消失怠尽。真正能得到好处的人是不需要好处的人，那些需要的人却无法得到他们应当得到的。如果没有能力向这些低收入的弱势群体提供充分的社会保障，就会因为这些大量生存无计的人们引发动荡，这对中国来说是非常危险的。

4.阶级将导致斗争

财富两极分化的直接后果是阶级的产生，如果超过了人们心里所能承受的底线，就一定会爆发阶级之间的斗争，大规模阶级斗争必然导致社会动荡、经济发展停滞不前或倒退。毛泽东曾经说过，"千万不要忘记阶级斗争"，人们一直认为这句话是要人们去作阶级斗争。实际上，这句话一直被国人所误读。毛泽东的本意是要告诫人们：只要有了阶级，就会存在斗争。所以，要想避免社会动荡，就必须杜绝或减少由于阶级的产生而带来的斗争。也就是说，消灭阶级斗争的方法就是不要产生阶级，而避免阶级产生的唯一手段就是避免财富上的两极分化，因为两极分化的社会结果不仅仅表现在财富的不平等上，而且会在所有的社会生活领域得以体现。比如，司法上的同法不同律，就业、升级、就学，一切社会的不平等都由此产生，而这些要比单纯的财富两极分化所产生的后果坏得多。没有两极分化，就不会有腐败，也不可能有黄赌毒。社会财富上的两极分化，是滋生这些社会问题的根源之一。

四、消除两极分化的路径探索

（一）禁止土地流转

中国的问题首先是农民问题，农民的问题首先是土地问题。土地的使用现在有四种形式，即征用、自己种植、加入合作社和流转（有偿地承包给别人）。征用的问题很复杂，但有资料说中国的失地人口已有4000万，这不是本文讨论的范围；对于自己种植的农民来说，一般的年景会有一定的收成得以生活；自愿加入合作社的收益都非常好，这种合作社已有36万个，对提高家庭收入极有好处，但比例不是太大；土地流转其实早在30多年前就有了，土地承包后，一部分农民外出工作，没有办法照料田地，他们在外面的收入超过了种地的收益，就把土地承包给别人，这就是最早的土地流转。只是由于现在外出务工的农民多了，土地流转问题才被当作一个问题。对于土地流转，国家的政策是尊重农民的意愿，不允许强制进行流转。对于有了工作机会不以田地为生的农民来说，土地流转当然是件好事，尽管这些人数量很大，但相对广大的农民来说也是少数。而由于流转的土地是集约化经营，产量和效益会相对提高，地方官员因此能得到政绩，这就进一步刺激了他们对土地流转的热情，想方设法应对国家的政策，为了政绩而强制农民流转土地。对于能够外出工作的人来说，这种流转并没有什么坏处，而对于没有能力外出工作的农民来说其影响是致命的，他们在失去土地使用权力时所获得的经济补偿不足以维系其接下来的生活需求，这个赤贫群体将是中国问题的最大问题。

（二）铲除腐败和黄赌毒黑

2010年，我国首次发布《中国反腐败和廉政建设》白皮书。据称，中国有70%的人对反腐败工作是满意的，这个数据从何而来没有具体的说明。我们以70%这个数据为基点测算，剔除老人和儿童，就是大约有3亿人对反腐败工作是不满意的，3个亿是个巨大的数字。有数据表明，20年来我国因腐败受到处理的党和国家领导人有3人，国家部委正部级干部6人，省、市、自治区正省级干部10人，国家部委、央企副部级干部23人，省、市、自治区副省级干部66人，解放军系统将军级8人。2010年1—11月全国被给予党纪政纪处分的就有11.3万人。这些人的腐败大多与经济相关，这也是造成两极分化的一个重要原因。而从重庆打黑所反映出来的黄赌毒黑问题来看，重庆只是中国社会的一个缩影，中国因腐败和黄赌毒黑致富的大有人在，由于没有得到有效打击，已引导人们形成了扭曲的靠非法手段富有的价值观念。因此，解决两极分化问题必须铲除腐败和黄赌毒黑，使整个国民回归到靠正当手段致富的心态上来。

（三）建设全体国民的财产登记系统

建立全体国民的财产登记体系，是一个浩大的工程，但现在的信息技术发展已经为实现这个工程奠定了坚实的基础。据有关专家研究，政府只能掌握40%的工资支付情况，这只是账面上的情况，其余60%政府无法掌握。国家有必要建设全体国民的财产登记系统，运用法律的手段使全体国民形成向国家报告个人收入的习惯，使国家能够随时真实地了解国民的财产状况和各项财富的收支情况，使这些情况有个正常真实的反映，随时为国家的宏观决策提供依据，也为解决两极分化提供数据保证，这是个很有必要的工作。

（四）强化税收的杠杆作用

目前，世界通行的做法是累进税率，我国也是一样，即个人收入所得税采用累进税率制。各国税率有所不同，比如，美国是按收入的不同分为10％、15％、25％、28％、33％和35％多个税级档次。我国也是如此，但中国的国情同西方不同，中国人口基数大，政府只有用税收的办法去制衡财富的不平衡。经济发展的成果必须用税收的手段实现全民共享，也只能用税收平衡财富的手段才能达到共同富裕的目标。在走向市场经济的情况下，政府不能对国民的工资过多干预（国企除外）。但税收权是政府掌握的，中国的个税应当在个人收入达到国民平均工资倍数的情况下予以征收，而且还要开征年总收入所得税，对于财产达到国民平均财产倍数的也要征收财产税。这些都必须在掌握每个人的真实收入和财产的情况下进行，避免苦乐不均。民营企业要把个人家庭财产与个人企业财产相分离。房产税要以户均使用房屋面积和土地占用面积而不是以价格征税，占有土地的税负要高于房产税，这是中国的土地国情所决定的。也就是说，要使税收成为消除两极分化的最得力的工具。

（五）创造公平的社会环境

两极分化，首先是收入机会的两极分化。由于每个人的社会资源不同，特别是在社会环境不够公平的情况下，这种初步机会的分化本身就是一种社会机会的不公平。所以说，收入的公平来自于社会机会对于每个公民的公平，没有社会机会的公平也就没有收入分配的公平，因为两者本身不在一个起跑线上。所以，我们要形成参与收入分配的机会公平，就要创造参与社会经济活动机会平等的社会环境。

首先，要给收入分配的规则以真正的公平。分配规则的公平，就是国家制定的各种收入分配法律法规或企业制定的分配制度对每个社会成员都是公平的。但现实并不是如此,比如,在国企高管工资比普通职工工资高出数倍。收入规则的公平体现在能力上,你的高薪是你工作能力的体现还是权力的体现,如果你的工作能力是别人不可比的,别人对你的收入自然不会有异议,如果不是能力的体现,而是用权力对财富进行侵占,只能说这仅仅是表面的公平,而不是真正的公平,甚至表面的公平也不是。

其次,要给收入分配的结果以真实的公平。收入分配结果公平的意义在于,每个社会成员都能获得与其提供的劳动或生产要素相当的收入。而事实上并不是这样,社会上一部分人的劳动成果和生产要素不能得到真实的分配。同样的劳动,其收入却有行业差别和地域差别。农民的粮食的真实价格是多少?股民的股票为什么得不到分红?这些都是分配结果的不公平。所以,要从结果上找原因,给分配结果以最大的真实的公平,才是解决两极分化问题的关键所在。

(六)从改制企业中收取部分利润补偿为社会发展做出贡献的人员

公开资料显示,我们的国企下岗人员有2 600万,还有3 000万集体企业的下岗失业人员,他们为我们国家的经济发展作出了个人牺牲,也为社会发展做出了贡献。这5 600万人的家庭就是10 005万人口,而我国现有的低保人员为7 000万人,这些低保人员中有很大一部分是原国企、集体企业的下岗人员,他们已从四五十岁到了六七十岁,可以说他们是分享社会发展财富最少的一批人,没有这些的人辛勤劳动,就不会有那么多的国企和集体企业,他们的离开是被迫和无奈的,也是辛酸的。而那些无论是通过什么样的方式方法获取了企业经营权的群体,都从这些下岗人员身上获得了无形利益。国家行为的一条准则就是平衡社会财富,而不能让老实人吃亏,应当让现在运行中的原改制的国有企业、集体企业拿出其纯利润的49%来补偿那些下岗人员，这也体现了社会发展中的公平和正义。

综上所述，两极分化是我们在社会主义市场经济发展过程中必然出现的社会问题，也是摆在我们面前不可能回避的事实，这个问题解决不好，就会威胁我们国家的政治稳定和社会主义市场经济的发展。所以，我们必须重视初次分配的公开性、公正性和公平性，全面强化和提高社会财富的再分配水平，使社会财富差距保持在一个能让人们普遍接受的合理水平上，共享社会发展的成果。努力消除因财富两极分化而产生的社会矛盾，推动社会主义和谐社会的发展和建设，达到人民共同富裕的社会发展目标，这应当是我们坚定不移努力前进的方向。

下篇　别论教育腐败

如果我们的社会生活出现了问题，究其根源，首先是教育出了问题，这是因为教育的问题是一切社会问题的总根源。教育事业是承载我们国家和民族未来的事业，如果这个行业出了问题，是会贻害无穷的。在此，笔者就教育的本质、教育的基础、教育存在问题、道德体系的恢复以及教育要努力的方向等相关的教育问题作一些简单的讨论，意在抛砖引玉，让大家共同思考这些问题。

一、教育的本质

（一）什么是教育

什么是教育？《中国大百科全书·教育卷》对教育的定义是："凡是增进人们的知识和技能、影响人们的思想品德的活动，都是教育。"那么，教育的本质是什么呢？首先是对人类所创造的文化的学习和传承。虽然人是万物之灵，但就自然界本身而言，也仅仅是动物的一种，只不过是由发达的智力主宰了这个世界，这可能是长久的，也可能是暂时的，在这个时间内，我们创造了人类自身的文明。我们为了自身的发展，要不断地学习积累已有的文明成果，假如没有这种学习，我们也不过就是一群动物而已。通过对已有文明的学习和传承，继续发展和创造文明，使我们的文明得到进一步发展。

(二) 德育

德育是从什么时候开始的，已无从考察了。在人类开始与大自然和同类竞争的初级阶段，是没有德育可言的，它产生在智育之后，而这个德育也可能不是我们今天的德育。但是，当人们因为劳动成果的分配产生纠纷时，人们便自然会制定一些规则来让大家遵守，这个规则就是法律的雏形。只不过当时的规则没有惩戒作用，只是让人们自觉遵守而已。如果谁破坏了这个规则，就会受到这个群体的歧视，就无法在这个群体中立足，这就是最初道德的产生，也是自然德育的开始。从某种意义上来说，道德是法律的灵魂，如果没有道德，法律就成了无本之木、无源之水。道德对规范人们的社会行为所起的作用，不知要比法律大多少倍。在没有法律产生或法律涉及不到的领域，人们就靠道德来规范社会活动，并逐步形成了对这种规范的学习，没有人去刻意搞什么德育，但德育就是在这种不知不觉的过程中完成了对人类自身的教化，这种教化的功能一直对社会生活起着决定性的作用。中国历来是重视德育的国家，历代先贤对德育都有过精辟的论述，并形成了以世俗宗教为代表的、以儒教为主流的道德体系。人们把良心与道德等同起来，这在社会生活中已经形成了约定俗成的尺度。它看不见摸不着，却实实在在地左右着人们的行为，我们的教育也是在智育学习的同时围绕着德育展开的。在从古到今的德才兼备的标准下，人们从来都是把道德放在首位的，教育本质的基础就是通过智育的学习、社会的学习和家庭的学习，在润物细无声中完成人格道德的整体塑造，使这种良好道德的准则成为约束人们社会生活坚不可摧的力量。

(三) 智育

智育是个比较复杂的问题，我们一般的做法都是，通过学校的课堂学习，去接受课堂教学的知识，达到智育的目标。但人的智育还有对不同事物的不同偏好，这方面有个体的不同的遗传因素，同时也有其他的一些因素。然而，我们基本上是一种学习规定内容的模式，由于选材的不同，这种模式并不能代表人类文化的全部内容甚至是基本内容，无法满足所有人的个性化需求，要加上一些功利化的动因，只能去强行接受表面上看来给未来生活产生益处的东西。这些东西可能是局部有益的，或者是为了检验而设定的不得不接受的，而这些选定的内容往往是受当时的社会环境、政治的或人为的制约较多，而不是人类全部文化的的精粹，这就造成了学习时过境迁后很多东西不能长效地服务于人的流弊。当然，教育的发展已经为智育的全面发展提供了更好的平台，教育的本质是通过学习达到对人类文化常识的全面接受。这一点对于理科比较好说，其方法和答案是一致的，但对于文科就比较复杂，首先是对本民族语言文字和历史文化的学习，这种学习应该是去政治化的，是常识性的、不失偏颇的。这是因为我们的教材除了受到各种因素的影响不能选用一些精华之外，也只能选择文化成果中非常小的一部分。即便是在这一小部分中，还制定了统一的所谓的答案，这是个害人的东西，扼杀了一个人自由奔放的个性。笔者认为，每一个文科可能发挥的内容要给人最大的自由空间，它最少有三种或三种以上的答案是正确的，通过这样的非僵化的学习以及不是统一而是多样化的检验，从而达到每个学生对文化水平的接受程度，这可能是比较科学的。作为表达人们思想的东西不可能只有一个答案，一个人之所以选择此载体而不是彼载体，只不过是当时的教育环境更有利于其清晰表达而已。

我们学习文化是为了应用,但仅仅应用是远远不够的,否则人类的文化就不可能发扬光大,学习是为了在应用中创造,而不是固守已有的文化知识。培养创造精神远比传承学习重要,这是智育的最高境界,否则就是健康身体的残障或智障,这种障碍是隐形的也是可怕的,它不仅会制约个人的发展,也会影响到国家和民族的未来。

(四)体育

我们一般认为,所谓的教育主要是人的德育和智育,好像和体育关系不大,也不大重视体育的教育。当然,孩子们的体质不完全是由学校左右的,但我们确实需要对孩子们进行健康成长的教育。有数据表明,我国的青少年近视率是世界第二,小学生近视为28%,初中生近视为60%,高中生近视为85%,大学生近视为90%。[1]这里无法排除学习负担重的原因,但不正确的学习方式也是原因的一个方面。除了视力外,孩子们的身体素质也非常成问题,着实让人担扰。没有好的身体素质,怎么能够承担起我们国家的未来呢?日本在战败后经济困难重重的情况下,靠让每个孩子喝上牛奶来增强孩子的身体素质,最终让孩子的平均身高增加了10厘米。而我们却由于在国民教育中对体育教育的不重视,出现了由于不正确的生活方式给孩子们所带来的身体损害。事实上,我们今天对学生进行体育教育(包括健康生活方式的教育),就是为明天的国民身体素质的提高做准备。

(五)授人以渔与教育本质的关系

对于教育,"要授人以渔,而不是授人以鱼"是比较流行的提法,这种说法听起来是很有道理的,也确定有其一定的道理,但学习是个比较复杂的过程,它和普通的技能并不能完全一致。如果你和捕鱼者学会了几种捕鱼的方法,你就可能进行捕鱼作业了,只不过会因为技艺的好坏而影响收获的多少。而对于学习来说,就没那么简单

---

[1]资料来源:http://news.sohu.com/20060831/n245098343.shtml

了，很多成功人士介绍了自己的学习方法，也就是学习的技巧，他们的学习方法也是不尽相同的，所以说是不能够复制的。每个人都必须在自己的学习过程中去总结适合自己的方式方法，而不是什么授人以渔，这个"渔"只能是自己在学习中去摸索。

那么，我们在教书育人的过程中要解决的最主要的问题是什么呢？笔者认为，是对人的学习兴趣的培育，这不是完全由学校才能解决的问题，其家庭的影响也是非常大的。我们的家长都希望孩子学业有成，不惜花钱让孩子读书上学，但是我们自己是不是也爱学习呢？目前，我国图书阅读者人均读书仅为4.5本；而法国人均读书14本；2004年韩国成年人阅读率为76.3%，人均阅读一般图书11本；读书数量最多的是犹太民族，每年人均读书64本。[1]这里说的是图书馆的阅读量。我们问一下自己，我们每年读了多少本书，自己在学习上有什么进步，我们在孩子的学习兴趣上给了什么样的影响？对孩子学习兴趣的影响，是至关重要的。无论我们上了多少年学，就算学业已经完成，但如果不能培养自己对学习的兴趣，几年过后所学的东西也会陈旧过时。联合国教科文组织曾经做过的一项研究表明，信息通信技术带来了人类知识更新的加速。在18世纪时，知识更新周期为80—90年；19世纪到20世纪初，缩短为30年；20世纪六七十年代，一般学科的知识更新周期为5—10年，到八九十年代许多学科的知识更新周期缩短为5年；而进入21世纪，许多学科的知识更新周期已缩短至2—3年。一个对学习充满兴趣的人，不仅能学习进步，也将受益终生。这种对学习的兴趣不是在于教育，而是在于影响。这个影响就是从孩子懂事时就从家庭到学校给孩子良好的学习氛围，在这种氛围的影响下培养孩子对学习的兴趣，这要比所谓的授人以渔好得多。

---

[1]资料来源：http://heilongjiang.dbw.cn/system/2007/06/25/050866440.shtml

二、教育的基础

（一）教育要从优生起步

我们一般所说的教育，指的是如何抓好孩子在学校的教育，笔者以为这是远远不够的。在优生优育中，优育的概念也不仅仅是孩子的养育，还要把教育的思想放在其中，但无论是养育还是教育，优生都是首要的第一步。根据公开资料显示，我们近几年的人口平均出生率为1 500万，其中有生理缺陷的为35万左右，有智力缺陷的为22万左右。这个数字如果乘以10年、20年、30年，就是个非常庞大的数字，再加上我们的工矿业、交通行业等其他方面因素所造成的对国民身体的伤害，我们国家的残疾人口已经达到了8 000多万。菲律宾、越南、德国三国的平均人口数量为8 000万，我们的残疾人数相当于这三个国家的平均人口水平，高于埃及全国人口近1 000万，是加拿大人口的2倍还多。工矿业生产、交通事故等造成的残疾，属于不可预防的客观情况，但从优生的角度来讲，国家必须通过立法和经费方面的努力来全面降低缺陷儿童的出生率。一个人的一生要经过近70年的历程，如此高的出生缺陷率使孩子在没有进入教育的层面就输了一步。具有军事常识的人都知道，在军队的作战中，最有效的办法不是消灭敌人，而是有效地击伤敌人，如果在一个班达到一个击伤率，这个班就等于丧失了战斗力。对于教育来说，优生是优育的基础，也就是教育的基础，我们重视教育的第一步，要从优生开始。

（二）家庭教育

家庭教育，与其说是教育，不如说是影响。这种家庭的影响，对孩子的成长具有极大的影响力。我们很多人都在说"父母是孩子的第一任教师"，我们这些成家立业的父母们完成了作为孩子教师的知识储备了吗？大多的家庭未必如此。我们大多数的家庭还是停留在对孩子的自然养育上，对学业基本上是推给学校了事。尽管有很多家庭是辛苦地接送和陪读，却不肯自己去进一步学习从而给孩子以学习兴趣和动力的影响。这是非常可悲的事情。古语说，"农家儿早认田耙，兵家儿早识刀枪"，这就是家庭影响的作用。如果家长能够不断地学习进取，这种家庭的学习气氛对孩子的影响是不言而喻的。反观之，我们的家长在孩子放学后只是监督孩子完成家庭作业，宁可去吃喝玩乐，也不去读书学习，根本就没有学习的概念，这又怎么能在学习上对孩子起到好的影响呢？

以上说的是学习上的问题。学习也只是问题的一个方面，家庭对孩子的德育影响更是学校教育不可替代的。孩子从无知到有知，首先就是以家长为模具来刻画自己的，所谓的"有其父必有其子"，说的就是家长对孩子成长的性格影响。延伸来说，家长对世界事物的看法和判断，无形中就影响了孩子的看法和判断。这种判断的正确与否，在孩子相当长的成长过程中得不到修正，因为学校可能会通过考试的办法来检验孩子学业的好坏，而对孩子个性的影响却是无能为力的。这样，也就要求我们家长在道德情操方面给孩子们做一个好的榜样。中国的文化具有多面性，其反面的东西也一直在影响着我们的社会生活，不仅使我们的社会规则不能良好运行，也使孩子们深受其害，这就需要我们在生活中逐步剔除。

（三）劳动教育

劳动历来都是创造物质财富使人类能够赖以生存的主要手段，只是现代工业文明的兴起使人们从繁重的体力劳动中解放了出来。从此，社会又有了更为细致的社会分工，如劳动分为体力劳动和脑力劳动等，人们获取财富的手段已不再只有体力劳动这一种手段了。

中国人向来都是以勤劳著称于世的，但是我们的孩子却在我们祖先优良的劳动基因方面出现了问题。在30年前，很多孩子还是要为自己的家庭分担一些劳动责任的，如农村家庭的孩子要参加田间劳动，城市孩子要帮助家庭做些必要的家务等，这种对劳动的教育在不知不觉中就完成了。但在20世纪80年代后期，由于计划生育政策的推广，相当一部分家庭的孩子都是独生子女，两代人或三代人疼爱着一个孩子，凡是要动手的事情全部由家长来完成，这就大大影响了孩子本身对应有劳动能力的正常掌握，使相当多的孩子由从来不做体力劳动，到不会体力劳动甚至厌恶体力劳动，进而导致看不起体力劳动。很多家庭对孩子力所能及的事情也一手包揽，导致很多孩子上了大学连基本的生活都不能自理，这在国外是不可想象的。对于这种孩子缺乏基本劳动技能的问题，我们不能一味责备孩子，这是我们家长错误的教育理念所造成的。在中日青少年夏令营中，中国青少年的自我生存能力远远不如日本的青少年，这并不是我们的青少年本身有什么问题，而是我们没有对其给予必要的劳动锻炼。有一则报道称，一个美国的5岁男孩子，在风雪交加无人帮助的情况下，靠着光盘的指导，帮助妈妈完成了生产的事情，如果这个孩子从来就没有"自己的事情自己做"的经历，后果是难以想象的。西方国家非常重视孩子自身的劳动教育，什么年龄段要做什么，是必须去做的。我们总是想让孩子享福，怕他们吃苦受累，其实反倒是害了他们，使他们在走向社会时丧失了一步先机。另据专家研究称，体力劳动不仅不会对人的身体有所伤害，还会对身体的协调发展具有好处，也对大脑的学习有好处，特别是一些工科方面的操作，所谓的"操千曲而知音"说的就是动手的重要性。

（四）教育的环境

教育的环境，大的来说是社会的教育环境，小的来说是家庭环境、学校环境、学习环境。这里主要强调的是社会的教育环境。学校作为社会的一个子系统，不可能是一方净土，所有的社会现象都会在这里得到反映，无论是好的，还是坏的，都无时无刻地影响着学生的成长。这种影响不仅仅表现在学业上，而且会影响学生的人生态度和对社会的整个态度。如果一个社会风清气正，这种社会环境下的学生就能正直为人，就会通过正当的、正常的途径去解决问题，就会用正确的态度去面对将来社会生活中发生的各种问题，达到人格的健全成长。所以，发展教育和净化教育环境，要从净化社会环境开始。就现代社会来说，没有良好的社会环境，也就不可能有好的教育环境，没有好的教育环境，要想教育出品学兼优的学生也是很难办到的。所谓"环境改变人，环境塑造人"，也就是这个道理。对于大多数人来说，必须屈从于社会环境，并惯性地向前运动。无论是好的行为，还是坏的行为，只有尽可能地创造良好的社会环境，并让这种环境影响到社会生活的方方面面，才能为孩子的成长提供良好的教育环境和条件。

三、教育存在的问题

（一）有教无育的问题

中国人是最重视教育的民族，其灿烂的文明是世界文明中最重要的组成部分。科举制度的产生，使普通人能够通过这一平等的制度通过考试走到社会的上层。国人的传统观念认为，统治国家的权力来自于高深的学问和良好的道德。而这些人在学习的过程中通过对文字的学习，不仅仅是学习了文字，更是通过学习树立了道德观念，中国人的教育从来都是寓教于学的。在所学习的文章中，无不充满了对提高人的道德品质的影响和要求。《弟子规》中对弟子的具体要求，经典文献中的道德观，都是在教中有育，不仅让学生能够学习到课本教育的知识，也使得学生的道德观念得到了良好的培育。

从新式的学校开办以来，我们逐步接受了西方世界的科学教育体系，这是一个飞跃的进步，但是对学生道德观念的培育远没有过去重视，人们的学习只是重在教授知识，而对育人就相对弱化了。近年来，在学生中发生的多起比较痛心的德育缺失事件，就和这种有教无育有着非常重要的关系。这是非常值得反思的事情。寓教于学，在学习中让孩子们得到道德的培育是中国教育的传统，也是我们的教育特点，而良好的道德观念对于我们这个社会从来都是最重要的。这种应由学校完成的主体的德育要回到学校去，那些口头上把德育排在智育之先而无实际操作内容的做法对德育是毫无用处的。我们欣喜地看到，人们已经认识到了对孩子们进行德育的重要性，《弟子规》等有益的学习也在开始，但光这一点是远远不够的。一个人的道德水平如何，可能与三个方面有关。一是家长的道德水准。如果家长的道德水准不高，就可能对孩子产生不良的影响。二是教师的道德情操。人的尊严可能不完全来自于自己的学问，更多的是道德品质，教师更是如此，也就是所谓的"师道尊严"。如果说幼儿教师会因为学生没有送礼而不给学生小红花，小学教师会因为学生没有送礼而当众羞辱孩子，中学教师在课堂教学中不讲课而学生必须到其家里交费才能学习的话，笔者认为是极不应当的，尽管这只是极个别的现象。这些问题的产生，既与社会风尚的腐败有关，也与教师在过去的成长教育中对道德培育的缺失有绝对的关系。在师德水平如此低下的情况下，可能让孩子学习多少道德文章也没有用，这种教师对德育的破坏全部抵消了学生从书本上对德育的学习。由此可见，教师的道德品质对学生的影响是至关重要的。三是社会道德风尚。一个人的道德水平是受社会风尚所左右的，如果我们的社会风尚腐败透顶，我们的孩子们无论如何也不可能成长成为道德水平高尚的孩子。所以，要让孩子能够有教（科学知识的学习）有育（良好的道德观念的树立），我们的家长、教师和社会三者缺一不可，必须从这三个方面入手去解决目前这种有教无育的教育弊端。

（二）学习负担的问题

学习是快乐的事情，一个人从对一无所知到学到了知识，本应当是一件值得高兴的事情，但现如今时有发生学生毕业后烧书泄愤的事情，这是不可思议的，一个人对给其知识的书本如此，一定是在教育的某个方面出了问题。这些问题可能主要来源于学生的学习压力，也可能是我们对孩子的学习引导上出了问题。我们从孩子上学学习开始，就没有培养起孩子对追求知识和探索世界的兴趣，而是必须要完成与之年龄不相符的学业，这种没有兴趣的学习成了一种压在他们心里和身上的负担，成了一种超载的劳动，成了让他们憎恨的事情，到他们能够摆脱劳动毕业了，怎么不会让压迫了他们多年的课本付之一炬呢？受教学模式的影响，这种学习从一开始就成了一种超过学生接受能力的没有兴趣的负担，在这一点上，西方的"在学中教"是值得借鉴的，要让学生在学习中不仅是学到知识，而且能体会到学习的快乐，为他们终生有兴趣地去学习打下基础。

这种问题的产生，还有另外一个原因，就是我们的孩子在不适当的时间学习了不该学习的东西。小学阶段的学习应当是快乐的，是不能有学习负担的。如果让他们学习其智力水平理解不了的东西，让他们靠死记硬背来完成学业，久而久之，他们就会把学习当成劳动，从而使学习成为一种负担和压力。打个比方说，你让一个10岁的孩子拿

5公斤的东西,他可能会非常高兴且轻松地完成任务,他会因为自己的劳动成果而高兴,并愿意继续劳动。但如果是强迫他去拿10公斤的东西,就可能非常吃力了,因为这是与其体力不相称的。我们为什么不能改变这种情况呢?那些在小学很难弄懂的问题,到了中学就很容易学会了,为什么不放在中学学习呢?在小学学习了他所不能理解的内容,尽管能够应付考试,但是并没有什么实际作用。我们的学校存在着一重一轻的问题,即小学生重、大学生轻,这是一种本末倒置。一个孩子上小学时累得要死,考上大学就如同进了保险箱,变得轻松起来,这是不应当的。有人指责高校扩招后的大学生都成了半成品,就是因为他们上大学后反而放松了学习,肆意挥霍了大学的美好时光,最终荒废了学业。这真是令人痛心的事情。有资料称,先进国家的大学是宽进严出的,这是一个很好的办法,给每个可能上进的学生以公平的机会,既能减轻学生的负担,又能减少不合格大学生的出现,由严进宽出向宽进严出转变,以教育培养出更多的合格人才来服务于我们的国家。

(三)教育费用的问题

虽然我国已经免除了义务教育阶段的学杂费,但是其他各项费用也是非常沉重的,比如课辅材料等等。孩子上学对家庭的经济负担是非常沉重的,这不仅仅体现在大学上,小学合并给学生家长增加了通勤费用,到中学开始住校其费用又增加了一大块,可以说几乎是家庭收入的一半,我们大多数家庭的平均收入是极其微薄的,可是没有哪个家庭会不让自己的孩子去上学。到了高中和大学,对于大多数家庭来说,全年的收入可能也不够支付一个学生的费用,这样的负担压得大多数家庭喘不过气来。有资料称,中国的教育投入人均不如乌干达,培养一个大学生要花掉几年的家庭收入。这种榨干人民口袋的教育产业化,是值得思索的。目前,我们的教育规模已是世界第一,在校大学生达到2 000万人,在非常短的时间内足足翻了1倍,这一方面让更多的人接受了高等教育,但另一方面也让很多家庭走入了贫困。这是必须由国家加大教育投入才能解决的问题。

(四)爱国主义教育的问题

什么是爱国主义?可能在定义上有所出入,但其基本点就是热爱自己的国家。爱国当然是自发的,这无可厚非。但我们的爱国主义在日常生活中是比较空泛的,没有多少具体的体现。对于一个孩子来说,对其爱国主义的培养首先要从爱家开始,要爱父母、孝长辈。所谓的"忠孝不能两全",就是把对国家的忠和对父母的孝等同了起来,也从侧面说明了一个不懂得孝敬父母的人是不可能忠于国家的,也就是爱国。一个不爱父母的人,你要让他去爱国是不可能想象的。但是,我们为孩子提供了这种爱国主义教育的土壤了吗?笔者看到很多孩子一点也不珍惜父母的血汗,这可能是其家长教育不到位所导致的结果。孩子都是爱父母的,但是父母们给予孩子正常的日常表达或必要的孝心训练了吗?当你生病的时候,让孩子去药店买过药品吗?当他放下药品离开的时候,你要求他倒一杯水了吗?这就是一种日常的由爱到孝的培养教育,我们可以从这点点滴滴的教育中,让孩子学会爱父母、爱家庭、爱社会、爱国家。我们应该在日常言行中注重对孩子爱国心的影响,比如,在购物时你可以对孩子说,购买国货也是一种爱国行为的具体体现,也是一种爱国行为。据说韩国人一般都是购买本国的汽车,把购买国货当作一种爱国的事情去做,这已经成为一种自觉的行为,也正是这种看似小事的行为培养了他们的爱国主义精神。所以,我们除了要给予孩子热爱国家的社会环境外,还要使我们的爱国主义具体化、细节化,在日常生活的点点滴滴中逐步强化孩子们的爱国主义精神。

（五）国民终身教育的问题

一个国家的实力，最终体现在这个国家的国民整体素质上。由于历史的原因，与发达国家相比，我们的教育是落后的。这种落后，不仅仅表现在学校的教育上，更表现在国民的终身教育上。在西方发达国家，社会生存环境迫使每个人必须终生不断学习才能适应自己的工作和社会的发展。我国在过去的若干年里，政府为了扫除青壮年文盲作了巨大的努力，但结果事与愿违，是没有成效的。我们已在全国基本普及了九年义务教育，尽管仍有少数的失学孩子，但比例已经很低了，以现有的国家财力，我们肯定会慢慢地普及高中教育，这必将为我们的国民终身教育提供很好的契机。所以，要研究和借鉴发达国家的国民终身教育经验，使我们的国民终身教育成为学校教育后的再教育，以提高我国的整体国民素质。

四、教育要努力的方向

（一）狠抓义务教育

之所以要专门强调这个问题，是因为我们的义务教育教育质量还存在很多问题。九年的时间不算太短，可是我们的学生到底学到了多少有用的知识呢？如果不能继续上学，几乎和文盲没有什么区别，九年的时间足以让一个人进行基本的知识准备和人格塑造，可惜这个目标并没有达到。一些参与犯罪的青少年大多数就是初中生，这说明我们在这方面的教育是失败的，没有为他们打下很好的人生基础。所以，国家必须切实抓好义务教育阶段学生的培养教育，努力为青少年的健康成长和全面发展打下扎实的基础。

（二）重视高中教育

这里所说的重视高中教育，不完全说的是教育质量，还在于数量。从长远看，我们宁可少要大学生，也要让所有的初中学生升级到高中，哪怕是学习成绩不好的学生。这是因为他们如果在这个年龄段走向社会的话，到能够工作还有两三年的过渡期，他们在这个阶段处于极端的不稳定，而由于学历方面的原因，在将来的社会生活中就会出现各种各样的问题。所以，我们要让孩子在高中阶段渡过最容易走下坡路的成长期，要为孩子们将来的知识学习和技能掌握搭建一个良好的平台，这对国家和社会的发展也是有好处的。

（三）加强高等教育

首先，一所大学的必备条件首先应该是拥有合格的大学教师。抗日战争时期西南联大之所以出了那么多优秀的学生，主要就是因为当时的西南联大拥有一批合格的大学教师。大学教师的水平如何，在一定程度上直接影响着学生未来的个人发展走向以及对社会所做贡献的大小。从这一点上来讲，只有拥有合格的教师，大学才能称其为大学。其次，大学从本质上来说是学习的地方，但中国的教育传统是学与问兼修的。我们形容一个人知识丰富，往往说这个人有学问，学习的精深之处也恰恰就是在"学"与"问"这两个字之间。我们学习的东西都是前人的总结，我们只有在学习的同时去问，在问中去研究和探索，才能增加真正的学问。学是表，问是里，由表及里，由广博到深究的学与问的过程才是大学所必须具有的一种学习精神。没有深入的学，就不可能产生深刻的问，没有深刻的问其所学之学也只能是浅薄之学。这也是当前很多论作缺乏创新的原因所在。笔者认为，只有"在学中问，在问中学"，才能求得真知。最后，一个人如果完成了高级中学的教育，就如同一块铁矿石经过冶炼已经成为一块粗铁一样，可以有所用途了。而考入大学，经过大学的继续学习，就如一块粗铁经过煅造成为精钢一样，其品格、价值和用途都会得到提升和增长。大学阶段的学习也就成为学生自我锻造的全新过程，一个学生能否把自己从一块粗铁煅造成精钢，其自身的努力是至关重要的。学校是熔炉，也并不是每炉出来的都是精钢，也可能是废品。如果说学生是粗铁，学校是熔炉，那么教师就是炼钢的煤炭和助燃剂，教师必须发挥最大的热能为学生的煅造提供外部条件，这种条件包括其自身的学识准备、道德观念的修为、对事物正确理解和判断的能力以及对学生的约束力等，使学生在增长学识、升华人格的过程中最终被锻造成能够为社会做出贡献的有用之才。

（四）坚持应试教育

这里说的坚持应试教育，并不是说学习就是为了去应试。现在很多人都看到了应试教育的弊端，大力提倡素质教育，这无疑是对的。但是，我们必须明白什么是素质教育，即通过学习让学生的素质得到提高，而不仅仅是应付考试。应试教育与素质教育并不矛盾。教育固然要与世界教育的发展同步，要与时俱进，但应试在我们国家还是应该坚持，这是因为我们国家的国情不同，如果以素质教育为幌子取消应试，就等于关上了下层社会希望的大门，对社会稳定来说是弊大于利，也是历史的倒退。

（五）建立完整的道德记录体系

中国有句俗语，"从小看大，七岁看老"，意思是从多年的社会经验积累中，大多能判断出一个孩子的将来。虽然未必从小就能看出一个人的将来，但还是有一些道理的。一般人从小养成的习惯，很可能终生难改，不管是好的习惯，还是坏的习惯。欧洲某些国家的公共交通系统的售票处是自助的，没有检票员。一位中国留学生在留学几年期间因逃票被抓了三次。这位留学生毕业后求职屡被拒绝，原因是他逃票被记录在案，这些公司表示绝对不能录用没有诚信的员工。其实，每个留学生在海外不仅代表个人，其行为也可能影响到整个国家的形象，为了要更快地达到个人目的而将诚信抛诸脑后，实在是非常不负责任的做法。我们要提高全民族的道德水平，光靠说教是不行的，必须有具体的操作考评，要让孩子从小就养成良好的道德习惯。好的道德操守一旦成为习惯，自己和社会将是最大的受益者。

（六）教育的目的是要让人有思想

无论是德育，还是智育，教育的目的都是为了发展和创新。我们是要在学习和继承中谋求发展，这是人类文明发展的源泉。人类所有文明成果的取得，都来自于人类的思想，这种思想应当是自由的，正是这些自由的思想，让我们有了如此辉煌的人类文明。我们的教育，特别是学校教育，首先要给学生以自由思想的空间，要让学生把学到的知识变成一把万能的钥匙，这是一把能够开启知识之门的钥匙，更应当是一把开启思想之门的钥匙。如果不能给学生开启知识之门的钥匙，所有的教育就是失败的教育；如果不能给学生以思想的钥匙，那将是可悲的。我们的教育，从小学开始就应该以研究型教育为主，给学生以充分的思想自由，不但要给孩子传授已知的东西，更要让孩子去探索未知的东西，使孩子从小就成为一个喜欢思考的人，逐步成长为一个有思想的人，并一生为自己的思想而努力探求。反之，一切呆板的、填鸭式的、说教的、以应试为全部目的的教育，都是自由思想的最大杀手。启迪孩子的心智，放飞孩子的梦想，给予他们自由思考的天地，让他们都能成为社会的栋梁之才。

需要特别说明的是，笔者对教育知之甚少，以上所述只是日常对教育的观察，并没有过多的深入研究。但是，教育是人之根、国之本，我们对教育的关心不能仅仅是经费的投入，也不仅仅是多建几所学校那么简单。对硬件之外的软件，要给予更多的关注和研究，正如一个功能强大的计算机，如果不安装必要的软件是毫无用处的。我们对教育的硬件已经给予了很多的关注和重视，我们真正要做的是在软件上下大功夫，努力提高我们的教育水平，更新我们的教育理念，跟上世界教育发展的潮流，为我们国家的发展提供更多高素质的人才。

附：读者朋友对《腐败治理新论》的部分评论

    我国只有加快政治体制改革，增加政府的透明度，重视民众的参政议政听证的意见，鼓励民众的监督意识，惩处腐败和官僚作风，社会才能和谐稳定，经济才能更好地发展。

    依法打击非法收入，应该是国家意志的体现，如果做不到这一点，社会就没有稳定和谐可言。

    以科学求是的态度学习和贯彻科学发展观，指导整个社会生活，逐步消除社会发展中的不和谐因素，中国人民一定会生活在公平、和谐、幸福的生活之中！

    权力可以产生腐败，不受制约的权力必然产生腐败。

    在党的领导下，反腐败的最好办法是人民民主监督！

    主要还是制度的问题。监管制度和处罚制度，总是让腐败分子有机可乘、铤而走险！

    当代中国的腐败成因多多，但政治制度的不成熟和不完善是滋生腐败的最主要原因之一。

权力制衡，才是根本。

代表不是选民直选，就不可能对选民负责。

财产普查谈何容易？

水能载舟，亦能覆舟。雄关漫道真如铁，而今迈步从头跃。

国家兴亡，匹夫有责。

读了你的文章，很有感触。我有几点想法，仅供参考。

腐败的根源。私有化是腐败的根本源泉，不仅我国有腐败现象，资本主义国家一样有，只不过我们仅仅看到的是自己的小圈子。腐败不仅仅体现在官场，更多的是在社会……我国官场腐败的主要根源是集权体制，没有有效的监督机制，没有民主制度，有权利就可以搞腐败。在这样的体制下，你我做官，一样腐败。这不是道德问题和觉悟问题，也不是用市场机制可以解决的。

治理腐败的方法。集权制国家，官场腐败是必然，改变的根本方法在于：一要削弱政府的权利，转变政府职能，服务社会；二要实行中国特色的民主，中国特色的民主是个大议题，不是简单两句能说明白的；三要实行舆论监督，开放舆论，建立群众监督机制。

中国的官僚体制，是下对上负责的体制（民主国家是上对下负责的体制），上级任命下级，下级只有对上级负责，才会提升。所以，在中国，民怕官，小官怕大官，官本位，这是我们的现实。中国式的官场腐败，不是孤立的，是一个网，很难只抓一个。有权力的地方，就有腐败。

只能说人富有富的能力，有智慧和头脑，人穷有穷的活法，看不起病，死不起人，结不起婚，住不起房，这些社会现实是存在的，但是现实就是这样，两极分化还是美化了概念，不但贫富分化了，做人的差距也很大，但是我们还是要向前看，激励自己好好生活好好工作，知足常乐。

两极分化就是最大的腐败，与腐败互为因果。

贫富两极分化不可怕，可怕的是法律面前两极分化。

分配不公就必然爆发革命，这是历史的规律……相信党会尽快解决这一问题的，中国大地上不能再革命了，那将是一场浩劫……

公平正义，杜绝两极！

当权力介入经济，就没有公平可言。

两极分化是一个普遍现象，不独中国存在。但中国的两极分化又有其自身的特点，消除需要有个历史过程，必须解决许多法律和制度层面的问题，成为一种国家意志和公民意识！

看过本文，我们应该有两个发现：一是作者的诚意所在，可以感受到一颗忧国忧民的责任心；二是对眼下中国社会贫富不均现实的深刻剖析，当为当政者思之鉴之。

刻不容缓，恐难做到，但深信早晚能做到！